JN440676

이제 막 알 것 같아

엮은이 박영란

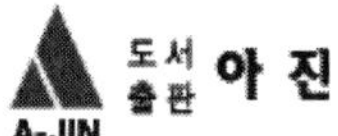

이제 막 알 것 같아

엮은이 박영란
펴낸이 김근배
펴낸곳 도서출판 아진

초판 1쇄 인쇄 2011년 4월 15일
초판 1쇄 발행 2011년 4월 20일

출판등록번호 제 300-1995-56호
주소 서울시 강남구 논현동 148-19번지 한미빌딩 201호
전화 (02)737-0663
팩스 (02)737-0664
이메일 kgb@ajin.to
인터넷홈페이지 www.ajin.to

ISBN 978-89-5761-314-6 03810

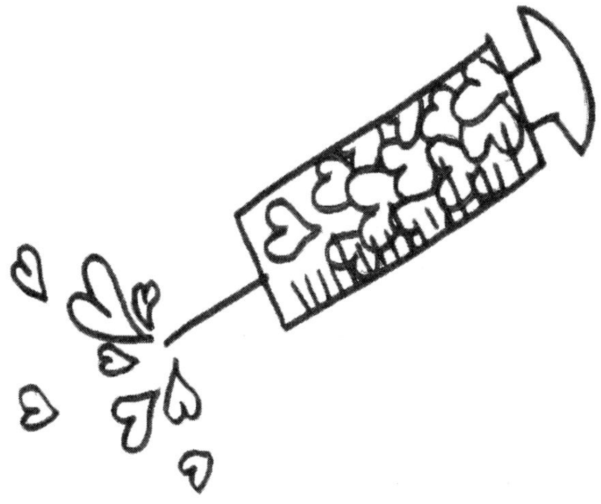

어린이 화가 장기초등학교 5학년 배정희

장기초등학교 3학년 배정환

시집을 엮으며

십여 년도 훨씬 넘게 품었던 우리 아이들이 알 속에서 깨어나고 있습니다. 중학생이 되고 나서야 부모님이 만들어 주신 사랑의 알껍질이 그토록 단단했다는 것을 깨닫게 됩니다.
단단한 껍질을 깨고 나오기까지는 엄청난 진통이 있기 마련인데 혹시 우리는 이러한 과정을 너무 쉽게 생각하고 있는 것은 아닐까요?

세상 밖으로 얼굴을 내민 아이들은 어른들의 관심어린 충고를 외면해 보기도 하고, 매일 풀어야 하는 문제집 대신 게임의 늪에 빠져보기도 합니다. 또 드라마 속 현실이나 자기들만의 이상세계 속을 방황하며 맘대로 되지 않는 이 세상을 원망하기도 합니다.

그런 과정을 겪으면서 쏟아낸 마음들이 바로 이 시집 〈이제 막 알 것 같아〉입니다.

이 시집은 이제 막 알 것 같은 아이들의 목소리가 담겨있습니다. 무언가 딱 떨어지게 단정 지을 수는 없지만 마음속에서부터 밀려나오는 그들만의 이야기가 있습니다.

아이들은 가만가만 자신을 돌아보고 있었습니다. 또 어른들을 동경하고 비판하면서 세상을 향해 무수한 질문을 던지고 있었습니다. 이제는 세상이 이 시인들의 이야기에 귀 기울이며 고개를 끄덕거릴 차례입니다.

이제 막 알 것 같은 시인들이 이제 막 꿈꿀 수 있기를 바라며 시집을 냅니다.

이천 십일 년
마음 설레는 삼월
글 샘 지킴이 박영란

제 1부. 말하지 않았지만

제 1부. 눈빛으로 알아요

제 2부. 소리 내지 않았지만

제 2부. 느낌으로 알아요

사(死)교육 ☆박기석

중·고등학생의 평균 수면 시간 300분
혈관에 아드레날린이 흐르는 유일한 시간
그저 난이도 높은 문제를 마주쳤을 때
약속했던 사교육 없는 나라는 어디 갔는지
우리는 그저 실험용 기니피그
우리는 사람의 살점을 뜯는 좀비가 아닌
문제를 풀며 자신을 갉아 먹는 아이러니한 좀비

어려서 영화감독이 되고 싶었는데…
언제부터인지 나도 모르게
꼭두각시가 되어 있었다.
학원이 시키는 대로 생각하고
학원이 시키는 대로 움직이면서
영화감독이라는 꿈을 지워버렸다.

아무것도 해보지 못한 우리에겐
현실을 운운할 자격이 없는 걸까?

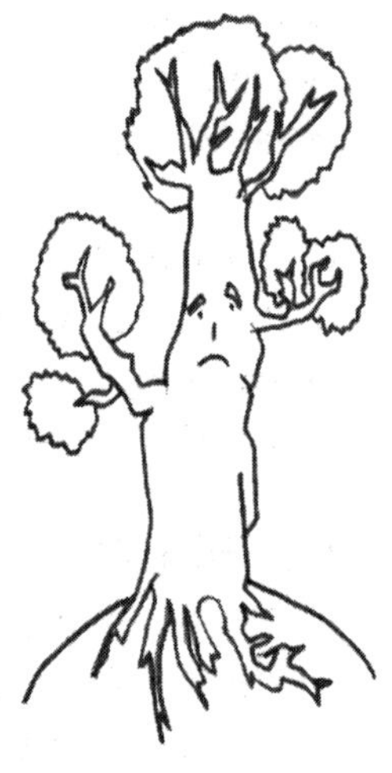

연꽃 ☆박기석

알프스의 깨끗한 곳에서만 자라는
아델하이트보다는

열정적인 붉은 빛을 띠지만
날카로운 가시를 감춘
장미보다는

제 혼자 옳은 줄 알아
한 겨울에 고개를 꺾을 줄 모르는
매화보다는

연꽃
연꽃이 되고 싶다.

가장 더러운 곳에서만 피는 꽃이지만
스스로는 가장 투명하고 아침이슬 같은 존재이기에
구차한 가식의 단단한 표면에 '툭'하고 부딪힌
진실 같은 연꽃이 되리라.

바다의 향기 ☆박기석

바람 불듯 파도치는
바다에 들어간다.
하얀 거품이 일고
수백의 모래알이 쓸려 간다.
가끔씩 보이는 켈피와
그 사이로 보이는
가장 작은 치어들,
둥지 안의 바다 새알이
모두가 바다이다.

바다의 냄새를 맡으면
간간한 바닷물 냄새 말고도
바다 밑의 골짜기 골짜기마다
싱그러운 꽃을 피워낼
산호의 향기가 피어오르리라.

낙엽 ☆박기석

해처럼 쨍쨍하다가도
한 순간에 추락하는 낙엽아

세상에 몸이 보이자마자
떨어져 나가
한줌의 흙이 되는 그 순간까지
제 엄마 걱정뿐…

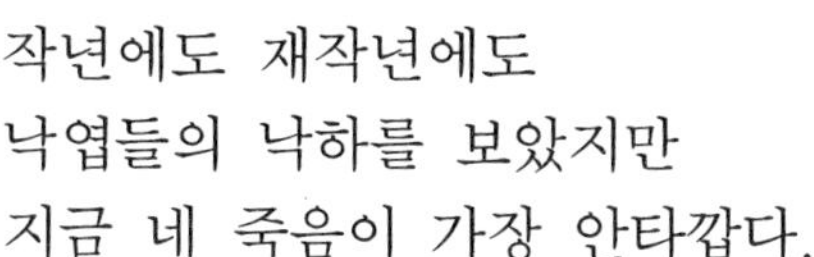

작년에도 재작년에도
낙엽들의 낙하를 보았지만
지금 네 죽음이 가장 안타깝다.

노랗고 빨간 나뭇잎들이
스스로를 뽐낼 수 있는 한 달
그 동안 누구보다도 더 아름답게 있어주련.

낙엽들이 떨어지는 가장 아름다운
0.6초
곧 한 줌의 흙으로 돌아가기 직전에
홍분된 레퀴엠을 그리며
더 아름다워지기를…
온 힘을 다해서
아름다움을 뽐내기를…
모두가 너를 기억할 수 있도록….

봄의 해 ☆박기석

해가 떴다
봄의 해가 떴다.

앙칼진 눈보라에
차갑게 얼어붙었던
땅이 녹는다.

겨우내 불던
찬바람도
같이 녹는다.

옆집의 만년 과장 아저씨의 근심도
재수하는 사촌형의 고민도
엄마 없이 할머니와 같이 사는 영희의 눈물도
눈 녹듯이 녹아내린다.

봄의 해가 지은 함박웃음이
온 세상을 녹인다.

가야 하는 길 ☆이수연

보내는 사람: 엄마
가는 사람: 나
편지? 아니 학원

도대체 학원이란 무엇인가?
누구에게나 물어도 답은 하나다.
대학가기 위해 가야 하는 필수코스

선택의 자유라는 건 없다
그저, 들리는 소문과 엄마의 직감만이 필요할 뿐.
"ㅇㅇ학원이 좋다는 데?" 하면
난 어느새 ㅇㅇ학원에 파묻혀 있다.
"영어는 △△학원이 좋아서 우리 아들도 거기 다녀"하면
마술처럼 내가 그곳을 다니고 있다.

엄마들은 모른다.
학원의 두려움과 공포를.

셋이라서 ☆이수연

우리 엄마, 집 밖에 있으면
우리 싸우는 소리가 다 들린다며
왜 이렇게 싸우냐 하면서
으르렁거리는 호랑이가 되곤 한다.

우리 엄마, 차안에서 기분이 좋아 신나게 떠드는데
남의 집 아이들은 조용하다고 말 좀 하지 말라면서
눈치 보며 함께 사는 다람쥐가 되라고 하신다.

역시 우린 '셋이라서' 그런가 보다.
역시 우리 엄만 '세 아이의 엄마라서' 그런가 보다.

지렁이 ☆이수연

지렁이가 땅밖으로 나왔다.

작은 몸으로 땅을 기어 다니다
느껴지는 풀들의 숨결에
주위를 기웃거린다.

오랜만에 불어오는 바람사이에서
싱그러움을 만끽한다.
흙속에서는 느낄 수 없었던
숲 한가운데 서있으니
모든 감정들이
끓어오른다.

나팔꽃이 활짝 필 무렵
흙속으로 들어갈 채비를 하고 있다.
그동안 느꼈던 감정들을 간직하며
서서히 흙속으로 사라져 간다.

과자봉지 ☆이수연

나도 한때는
남들에게 기쁨을 안겨주었다.
남녀노소 모두
내 이름만 들어도 좋아했었다.
하지만 좋아했던 것도 잠시
얼마 지나지 않아
쓰레기통으로 들어가 버렸다.
사람들의 눈길 한번 받지 않는 알몸이 되어….

담요 ☆이수연

언제였던지
우리에게 다가온
조그만 선물
강아지 그림이 그려진 담요

담요의 끝은 헤져서
기억하게 되는
수많은 이야기들
불안했던 날들
함께 지내기라도 했다는 듯이
그림의 실밥은 뜯어져 있었다.

서로 가지겠다고 잡아당겨
크기까지 늘어나
성난 곳이 하나 없어도
담요는 굴하지 않는다.
항상 서로에게 불만이 많다고 해도
언제 싸웠냐는 듯이
맞장구치며 웃고 있는
우리 셋,
떼려 해도 뗄 수 없는 사이이다.

변덕쟁이 하늘 ☆박소희

지금껏 나의 우상인 하늘
오늘도 하늘의 마음이 바뀐다.

해가 쨍쨍한 날은
하늘과 해가 지구를 놀러 다니는 날
비가 많이 내리는 날은
하늘과 비구름이 싸워 비구름이 패배한 날

하늘이 귀찮은 해는
빨갛고 노란빛을
이곳저곳 뿌리다가
끈질긴 하늘이 못 찾게 몰래 숨어버린다.
하늘은 그런 해가 그리워져
매일 노을을 만든다.

변덕스러운 하늘
그래도 그 하늘은 나의 우상이다.

꼬마 아이 ☆박소희

차가 지나가는 데도
절대 비키는 법이 없다.
오히려 차 유리창에 앉아
조용히 미끄럼을 탄다.

심심할 땐 사람들 입속으로 들어가
결국 흙 맛을 내고야 만다.
친구들과 놀고 싶을 땐 서로 뭉쳐
하나의 공이 되어 나타난다.

미워하고 싶어도 미워할 수 없는
귀여운 꼬마 아이

눈

아빠의 나뭇가지 향기 ☆박소희

결코 멀지 않은 곳에서
아빠의 나뭇가지 향기를 맡았다.

쾌쾌하고 털털한 냄새…

회사의 나뭇가지
동료의 나뭇가지
경제의 나뭇가지

나무는 나뭇가지의 일부를 자르면서
기둥을 지킨다.
금세 축 늘여져 버린
나뭇가지도 상관하지 않고
기둥만 지킨다.

기둥은 앞으로도 쓰러지지 않을 것이다.
태풍이 와도, 전기에 맞아도…

깊이 뿌리박힌 우리가족의 끈끈한 사랑처럼….

어이없는 현상 ☆박소희

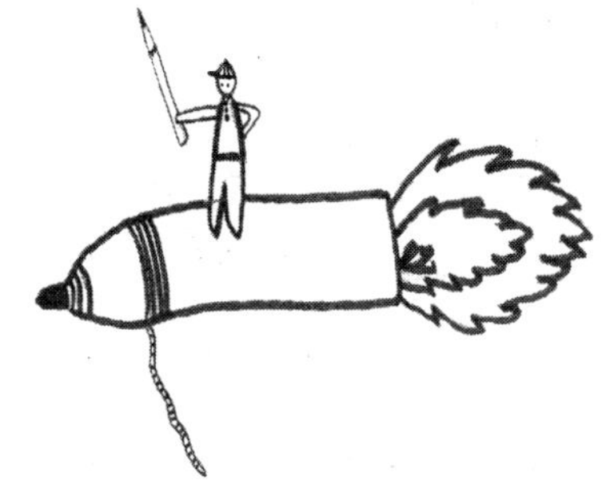

나와
이미지도 안 맞고
성격도 안 맞고
특징도 안 맞고

남자라는 이미지에
대충하는 성격에
맘에 안 들면 때리는 특징이 있지만
어이없는 현상 한 가지!

귀여운 물체를 좋아한다는 것
양말, 저금통, 필통
아주 가관이다.
이게 좋아?
라고 물으면
왜? 귀엽잖아
라고 답하는
전혀 맞지 않는 현상의 주인공

우리 오빠

무인도 ☆박소희

오늘도 학원에 왔다.

이번에 봤던
기말고사 시험 잘 보고
학원의 반까지 올라갔지만

난 외로운 학생이다.

새로운 친구들을 만났다.
낯을 가리는 성격 탓에
친구들에게 다가가길
두려워하는

난 외로운 학생이다.

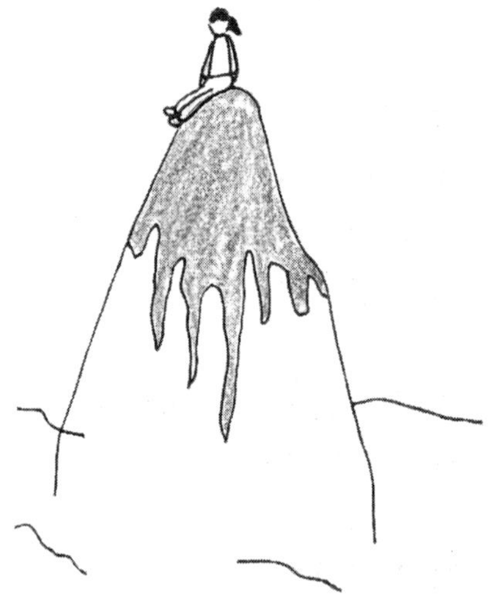

학원을 바라는 엄마,
과외를 바라는 딸

엄마는 딸을 모르고
딸은 엄마를 모르기에
서로에게 상처 입히는
마음의 결투는 진행된다.

항상 승자는 엄마다.
나이순인가 보다.

오늘도 정 붙일 수 없는 무인도에
다시 왔다.

학교 계단 ☆이연선

1층, 2층, 3층, 4층, 5층
이른 아침
등굣길 학교 계단

아직 잠이 덜 깬 무거운 몸으로
계단을 올라갈 때면
내 몸은 교과서가 가득 든 가방과 함께
자꾸만 숨이 차오른다.

5층, 4층, 3층, 2층, 1층
늦은 오후
하굣길 학교 계단

수업을 모두 끝낸 가벼운 몸으로
계단을 내려갈 때면
가방은 무거워도
내 몸은 이미 콧노래와 함께
날아갈 것만 같다.

작은 동전 하나 ☆이연선

낡은 소파 밑 마룻바닥에
작은 동전 하나가 앉아있다.

언제부터 이 자리에 있었던 건지
소파도 마룻바닥도 기억하지 못한다.
한땐 어린 두 손에 막대사탕으로
또 저금통 안에서
누군가의 큰 꿈으로 살아갔을 그 동전

하지만 아무도 기억해주지 않는 지금은
그저 작은 동전 하나.

기다리는 마음 ☆이연선

유난히 추웠던 겨울

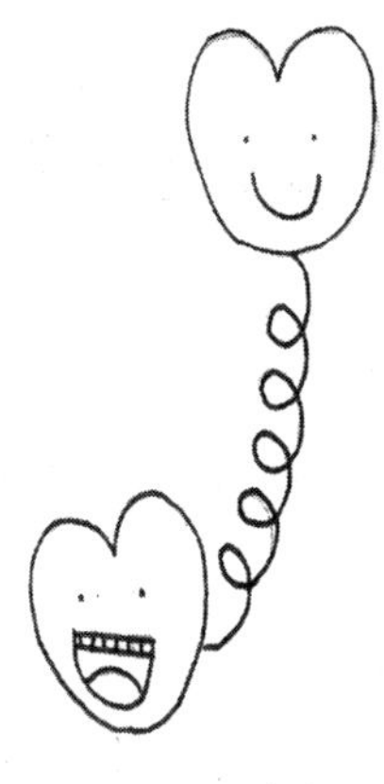

눈 덮인 흙속에
꿈틀대는 꽃들도
얼어붙은 가지 아래
간질대는 새싹도
구름 뒤에 살며시
고개 내민 해님도
미끄러운 빙판길
볼이 빨간 아이도

모두들
같은 마음일 거야.

풀 ☆이연선

봄이 찾아 왔어.
나무에는 푸른 새싹이 돋고
색색의 화려한 꽃망울을 터트리지.

그리고 저곳 어딘가
나도 땅을 뚫고 세상에 나왔어.

지금은 비록 커다란 나무 아래
달콤한 꽃향기에 묻혀 보이지 않지만
이제 곧 더 크게 자라서
더 싱그럽게 웃으며
빛을 보게 될 거야.

이제 곧 나도
누구에게나 사랑받게 될 거야.

아주 잠깐만 ☆이연선

황혼녘 태양이 하늘에 붉은 빛을 뿌리고 사라지고 나면
이내 가만가만 숨소리만이 남아 있곤 해.
모두들 잠이 들었거든.
그럼 나는 잠깐 멈춰버린 도시위로
수줍게나마 어둠을 비추지.
때론 가만가만 숨소리를 자장가 삼아 작은 꿈을 꾼단다.
꿈속에서 나는 쪽빛 하늘을 맛보며 탐스럽게 웃어줄 거야.
모두들 깨어났거든.
난 커다란 빛으로 말하려 할 거란다.
가끔 아주 잠깐만 날 돌아봐줄래?
그럼 더 이상 차갑지 않을 텐데.

하늘을 덮고 있던 까만 어둠이 사라지고 나면
이내 하나 둘 바빠지곤 해.
모두들 깨어났거든.
그럼 나는 잠에서 깬 시끄러운 도시 위로
언제나처럼 빛을 내리쬐지.
때론 구름 뒤에서 빗소리를 자장가 삼아 작은 꿈을 꾼단다.
꿈속에서 나는 별들과 고요히 노래를 불러줄 거야.
모두들 잠이 들었거든.
난 영롱한 빛으로 말하려 할 거란다.
가끔 아주 잠깐만 날 내버려둘래?
그럼 더 이상 따갑지 않을 텐데.

벚꽃 ☆이지슌

사시사철 푸르른 소나무도 아니다.
봄을 노랗게 물들이는 개나리도 아니다.

환히 밝혀주러 와서
우리들에게 희망을 심어줄 때쯤
바로 가 버리는 매정한 꽃

같은 하늘 아래 같은 꿈을 꾸는
이산가족들의 마음일까
잠깐 왔다 바로 가버리는 벚꽃처럼

연분홍빛의 그리움을
사르르 떨어뜨리며
다음날을 기약해본다.

나 ☆이지윤

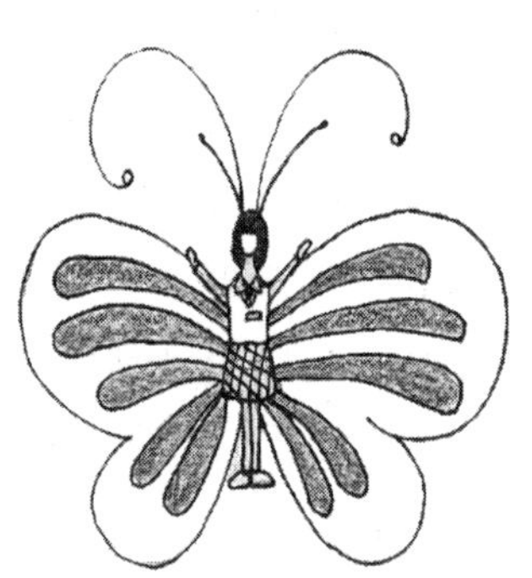

봄에는 모를 심는다.
여름에는 김을 맨다.
가을에는 수확을 한다.
겨울에는 다음 준비를 한다.
계절이 바뀌듯 농촌 풍경도 달라진다.
나는 달라지지 않는다.
봄에도
여름에도
가을에도
겨울에도
똑같이 살아간다.
이따금 금빛 들판 위 노을을 머금고
새로이 태어나는
쌀 한 톨이 부러워지는 순간이다.

아버지의 술 담배 ☆이지윤

삶의 버거움을 들이킵니다.
인생의 고단함을 내뿜습니다.
매일 나무라지만
어쩌면 그건
아버지를 위로하는
습관 아닌 습관일지도 모릅니다.
어쩌면 그건
아버지를 알아주는
유일한 벗일지도 모릅니다.

아버지의 술 담배를
깨알같이 피해가고 있을 오늘
희뿌연 연기 속
쓰디쓴 한 방울의
아버지의 눈물을 보았습니다.

마법 일기장 ☆이지윤

샛노란 옷을 입고
동생의 책장 한 구석에 박혀 있는
빛바랜 마법 일기장
한 장 한 장 넘기다보면
나름 정성껏 쓴 것 같은
삐뚤빼뚤한 글씨가 보이고
한 줄 한 줄 읽어 내려가다 보면
마냥 철없어 보이던
고 작은 아이의 모습이
작은 꽃망울로 피어올라
자욱한 안개를 몰고 갑니다.

하루빨리 할아버지 허리를 낫게 해주세요.
언니에게 좋은 성적을 가져다주세요.

마법 일기장엔
정성어린 소원들이
비단 빛 물결로 요동칩니다.

신세 ☆이지윤

밤낮 가리지 않고
모든 학생들은
오로지 공부

이쪽저쪽 가리지 않고
공부만 하는 앉은뱅이 신세

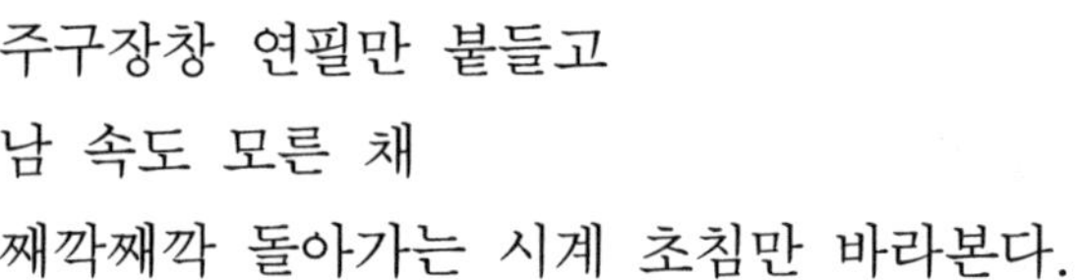

주구장창 연필만 붙들고
남 속도 모른 채
째깍째깍 돌아가는 시계 초침만 바라본다.

겁 없이 달리는 자동차 바퀴처럼
빠르게 돌아가는 세상 속에서
쫓기는 걸까 쫓아가는 걸까
가야할 길을 걷는 걸까
세상 끝으로 내몰리고 있는 걸까

똑같은 방식, 한 가지 역할 ☆김윤호

587번의 주걱질을 명령받은 한 아이가
생각 없이 음식을 떠준다.
사람들은 아무 생각 없이
음식을 떠먹는다.

급식이라는 이름을 내걸고
학교에 들어온 차가운 음식이
사람들 사이
손대면 깨져버릴 것만 같은 살얼음을
내걸게 만든다.

급식은 그런 방식으로
서로가 품고 있는 희망을
똑같게 만들려나 보다.

공식 ☆김윤호

세상엔 별의별 공식이 다 있다.
원뿔의 부피 = $\frac{1}{3}sh$
밀도 = $\frac{\text{질량}}{\text{부피}}$
영어단어 잘 외우는 공식…

이러다간 세상이 온통 공식투성이가 되어
지구가 아닌 공식이라는 행성이 될지도 모른다.

난 이런 공식 없인 살 수 없는 세상에서
태어났다는 자체만으로도
내 자체가 공식일까 봐
인간미 없는 세상이 될까 봐
잠깐이나마 고개 들어
안도의 한숨을 내쉰다.

씨앗 하나 ☆김슬효

지금 이 한 치 앞도 보이지 않는 흙 속에서
나 어떠한 것도 할 수 없다 하여도
언젠가 선택받아 날개가 돋는다면
푸른 세상에 나가리.

새들의 부리가 두렵다 하여도
나 세상과 마주하고 당당하게 살아가리.

언제라고 기약할 수 없는 허무한 꿈이라도
사철 내내 듬직한 남산처럼
굳건히 서있으리.

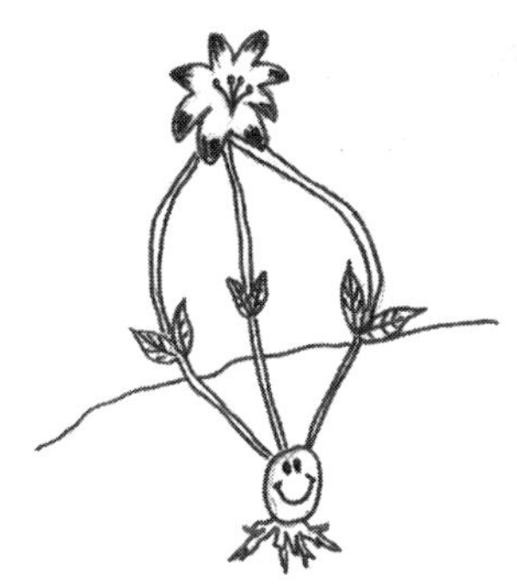

할머니의 손 ☆김슌호

야들, 맛난 것 좀 더 사주그라
야들, 옷 한 벌 더 사주그라
야들, 학원비에 좀 보태그라

농협이라고 적힌 누런 봉투
손 때 묻은 누런 봉투

손자 줘야지 하고 장롱 밑에 숨겨둔 누런 봉투
당신 드시고 싶은 것 참으시고
그런 푼돈 모으고 모아 할머니가 주신 누런 봉투

오늘따라 이 봉투가
빛나고 빛나
황금빛이다.

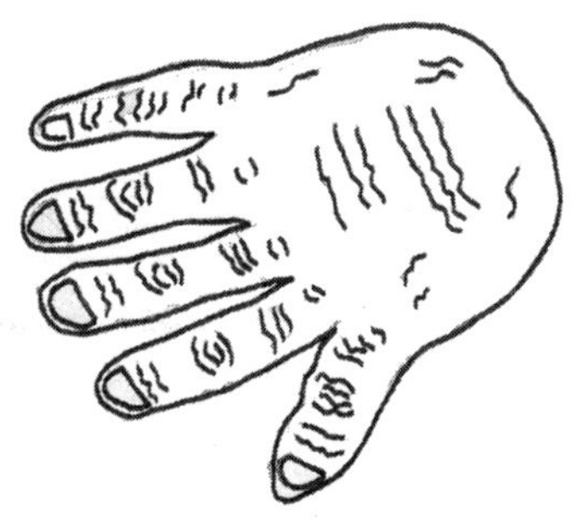

코치님의 단칸방 ☆김순호

조그마한 손난로에 몸을 녹이는
챔피언 유망주가 살고 있습니다.

이십칠만 원 3평짜리
단칸방에 갇혀
날개를 펴지 못하고 있습니다.

있는 자에게만 날개를 달아주는
종이 쪼가리 때문에
오늘도 하얀 입김을 뿜으며
온기 없는 이불을 꼭 껴안고 자고 있습니다.

음악시간 ☆슈슌선

꾹꾹 눌러왔던
내 목소리
괜스레
목청껏 부르는 나

정신없이 까만 글씨와
흰 종이를 내려다보다가
손보다 목을 쓰는 날이면
들판 위로 뛰노는 소녀마냥
맑고 순수함이
내 몸 속 꽉 차올라

나는 앞으로 그렇게 살고 싶다.
수학시간도 아닌, 영어시간도 아닌
즐겁고 순수한 음악시간처럼.

공주님의 일상 ☆유윤선

진주목걸이와 구두
드레스와 가방
현란한 머리 모양과 뽀얀 피부
그리고 완벽한 왕자님
나는 비록 공주가 아니지만 공주님이 되어본다.

으리으리한 궁전 생활과
파티에서 품위를 지키려다 사고치는 것
그리고 공부를 하지 않고 매일 놀기
공주들의 모임에서 잘난 척 하기
이러한 것들은 그저 그냥 일상일 텐데

펑! 엄마의 공부하라는 소리침에
내 상상 속 공주님은 어디로 갔나?
벌써 왕자님 만나러 파티장으로 갔나?

달달한 주사 ☆슈슌선

따갑고 아파서
인상을 찌푸리게 하다가
가끔은 놀러 와서
이거저것 부족한 부분
채워주려고 애를 먹다가
결국엔 부족한 부분을 웃음으로 채워주는 주사
잘못된 것은 바로 고쳐주는 주사
자꾸 맞아도 이제는 아프지도 않은 주사
오히려 자꾸 맞고 싶어지는 주사
달달한 사탕보다 더 좋은 그 주사

그 주사는 바로 우리 언니입니다.

열다섯 ☆슈슌선

내 마음은 열하나
내 키는 열셋
내 나이는 열다섯

줄 없는 종합장처럼
아무 생각 없었던 열하나.
평생 자유로울 것 같았던
내 나이는 로켓처럼 지나만 가고
벌써 난 열다섯이나 먹은
여중생이 되어 있다.

마음속 나이의 4년의 공백은
지금의 나에게 말한다.
열다섯이나 먹어서 무엇 하나?
내 마음은 아직 창창한 열하나인데!

어른들의 커피 ☆유윤선

잠깐 시간의 여유가 생기면
생각난다는 어른들만의 커피

엄마가 커피를 마실 때면
유혹의 향기가 나를 부르지만

차마 어른들만의
여유의 커피를 뺏는 것 같아

어른들만의
따뜻한 향기를 뺏는 것 같아

오늘도 난 바라만 보고 있다.

나는 보지 못 한다 ☆이원종

한 시간에 달팽이는 세 뼘만큼 간다.
두 시간에 달팽이는 다섯 뼘만큼 간다.
다섯 시간에 달팽이는 열두 뼘만큼 간다.

1분 만에 나는 몇 백 뼘만큼 간다.
나는 훨씬 빠르게 간다.

달팽이는 이슬 머금은 화창한 나무를 본다.
달팽이는 동물들과 함께 있는 촉촉한 땅을 본다.
달팽이는 봉우리를 힘겹게 여는 꽃을 본다.

나는 만날 보는 듯한
똑같은 나무밖에 보지 못 한다.

길 ☆이원종

울퉁불퉁한 산길은
다이아몬드 원석이다.
깨끗하고 앞만 보이는 고속도로는
다이아몬드 완성작이다.

산길을 걸으며
힘들어 포기하지 마라.
울퉁불퉁한 길을 걸은 자는
결국 고속도로에서 달린다.

산길을 걸으며
그 울퉁불퉁한 길로
원석을 깎아라.
원석을 깎으면 깎을수록
쓰러지고 작아지지만
결국 순전한 다이아몬드를 보게 될 것이다.

우정이라는 두꺼비 ☆이원종

조금도 지구를 떠나지 않은
물방울처럼
우리들이 떨어져 있어도
우리들의 물탱크에서
물을 빼지는 말자.
비록 증발되어도
비가 되어 땅으로 돌아오듯이
물탱크에 구멍이 나 물이 빠져도
우정이라는 두꺼비로
구멍을 막아보자.

따뜻한 비 ☆이원종

어린이들의 웃음
어린이들의 아기자기한 이야기들
뿜어 나오는 운동장 한가운데

공을 던지고 치며
스트라이크와
볼을 외치는 아이들과

공을 차고 막으며
골과
아웃을 외치는 아이들

그들이 흘리는
땀 방울방울들이
우리 대한민국의 따뜻한 비가 되어
내렸으면 좋겠다.

아무 말 않던 책 ☆이원종

그동안
아무 말도 하지 않던
책꽂이 한 귀퉁이에 종이들

다른 책들이 읽어 달라 소리칠 때
나만의 추억을 감싸 안으며
높은 햇살도 들지 않는 귀퉁이에서
소근소근 자고 있다.

청소하려 책을 뒤집을 때만 가끔 보이는
저 포근하고 따뜻한 추억들

종이 사이로 나풀거리는
그대와의 행복했던 시간과
함께 눌어붙어버린
솜털 같은 먼지들
그들은 마치
새것을 써가는 내 마음처럼
비워져가는 책 한 장 한 장 사이를
수북하게 채워주어
그동안의 통(痛)보다는
그 세월의 복(福)을 생각하게 하는구나.

절정이 지나
연주도 끝나가는 음악처럼
또 한 귀퉁이에 들어가
소근소근 자고 있다.

우리들을 위한 것? ☆배예진

숙제를 해오지 않거나
난동을 부릴 때
선생님의
묵직한 매가
내 여린 손을 때린다.

선생님은 그저
사랑의 매라며
우리들을 위한 것이라고 하시지만

매가
내 손에서
떨어져 나갈 때마다
마음에 붙일 반창고가
부족해진다.

선생님께서 말씀하시는
사랑의 매가
자꾸 아프다.

용서 ☆배예진

하얗게 변해버린
들판에서
홀로 삐죽 튀어나온
풀 하나
뒤이어 따라 나온
풀 둘, 풀 셋…풀 열다섯

그렇게 튀어나온 풀들은
눈을 품 안에 넣는다.

자신을 덮은 눈을
따뜻한 마음으로
용서한다.

손잡이 ☆배예진

문, 냄비, 서랍장, 가방
이것들에게 무엇보다도
가장 필요한 것은
손잡이이다.

손잡이가 있어야
서랍장을 열고 닫고
냄비를 들고 놓고
문을 밀고 당긴다.

하지만
사람들은
손잡이를
보지 못한다.

손잡이의 자리를
잊은 채.

마음 속 도장 ☆배예진

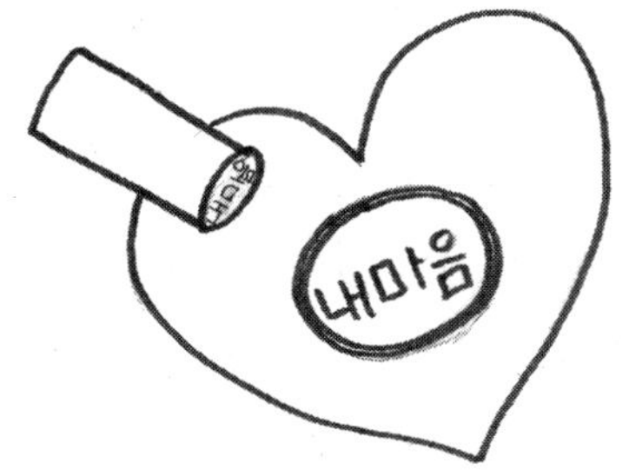

고마워! 사랑해!
마음속에
선명하게 찍히고 싶은 도장

네가 뭔데! 너 싫어!
마음속에
더욱 더 선명하게 찍히는 도장

누군가 하는 말이
내 마음속에 찍히고 싶은
도장이 되었으면 좋겠다.

내가 하는 말이
누군가에게 찍히고 싶은
도장이 되었으면 좋겠다.

아무도 없다 ☆배예진

봄, 여름, 가을 내내
껌처럼 붙어있던 잎들이
나뭇가지와 작별 인사를 하는 듯
가을이 되는 지금

아무도, 아무도 없다.

그렇게 사계절 내내
아름다울 것만 같았지만
하얀색 물감을 짜놓은 듯
겨울이 되는 지금

아무도, 아무도 없다.

시 쓰기 ☆김현숙

시 쓰는 것은
눈이 휘날리는 거리를
걷고 있는 것처럼 설렌다.

조그만 연필로 한줄기의
아름다운 세상을 담으려하지만
공책에 가득 차 있는 나만의 엑스

엑스를 보며
가슴 한 쪽이 답답하고
공책도 수많은 엑스로
빠져나갈 곳이 보이지 않는다.

시 쓰는 것은 막막하지만
공책 구석 한 자락에
작은 숨통을 트여주는
상쾌한 바람과도 같다.

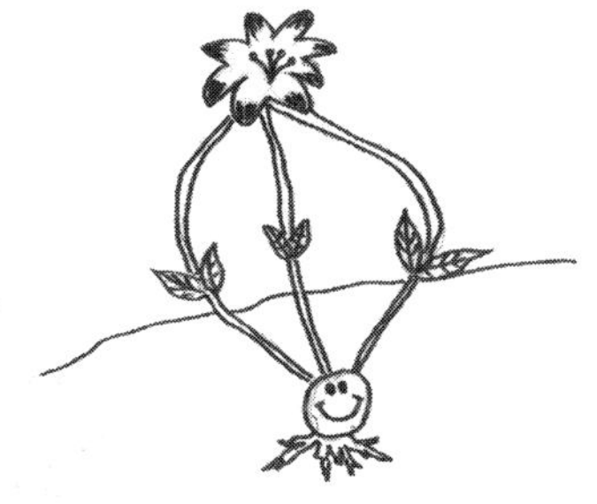

희극과 비극 ☆김현숙

내 마음 속,
어딘가에서
비와 안개와 구름이 드리우면
터벅터벅 침통한
나의 길을 간다.

내 마음 속,
어딘가에서
거친 비와 안개가 개이고 나면
파스텔 그림처럼 산뜻한 마음으로
행진을 한다.

희극과 비극처럼….

잠 속에서 ☆김현숙

꿈속으로 들어가기 위해
전쟁을 치루는 오늘 밤
꿈속도 아닌
잠 속에서
잠이 오지 않아
두 눈을 꼭 감고 있어도
머릿속엔 온갖 생각이
사라지지 않고
꿈처럼 맴돈다.

차가운 손, 따스한 웃음 ☆김현숙

처마 위 얼어붙은 고드름처럼
추위에 모진 눈 맞아가며
꿋꿋이 선 눈사람처럼
차가운 손

네모난 상자와 마주앉아
길쭉한 몸을 두드리며
차가운 한 쪽 손으로
똑딱하고 소리 내는
컴퓨터처럼 차가워지는
그 손

힘들지만 나를 보며
따스한 미소 짓는
차가운 손이지만

난로 같은 웃음으로
나를 행복하게 하는
참 좋은 나의 이모

펜글씨 ☆김현숙

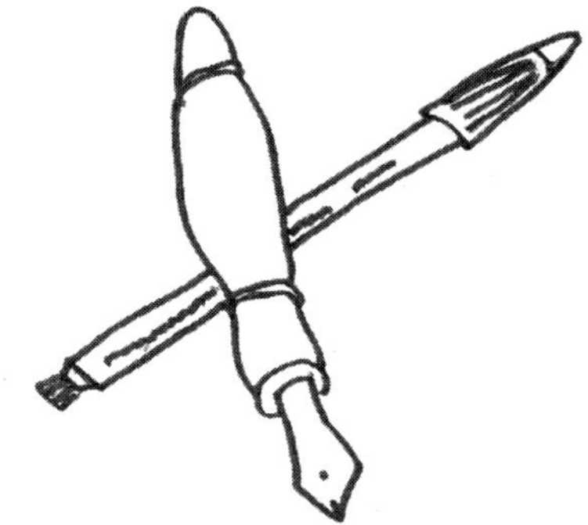

요즘은 쓰지 않는
가방 속에 들어가
겨울잠도 아닌
365일의 깊은 잠에 빠진
펜글씨 교본

검정펜으로 글씨를 쓴다는 것은
너무나 힘들지만
언젠가 다시 써지겠지 하며
웃음 짓는다.

잊혀져가는 글씨들이
한 글자, 한 글자마다
검정펜 꽉 쥐어달라고
아우성하는 것 같다.

비 ☆배정민

우산 위에서
타닥타닥
춤을 추는
그들만의 파티

그것도 잠시뿐,
곧 빗방울들은
아스팔트 도로위로
떨어진다.

하루를 사는
하루살이처럼
빗방울들의 삶이
우산 아래로 떨어진다.

의자 ☆배정민

지금 내가 앉아있는
나무 의자

꼿꼿이 바람을 맞서는
뒷산 나무와는
다른 모습이다.

번들거리는 쇠가
뿌리대신
방바닥에 자리 잡고

생생한 잎사귀대신
지끈대는 내 생각을
힘겹게 받혀준다.

의자는
우리 집에 뿌리내린
힘겨운 한 그루의 나무다.

인코딩 ☆배정민

무슨 영화를 고를까
고민하는데 1분

아무도 모르는
숨겨진 폴더에
다운받는데 5분

몰래 보기 위해
mp3로 옮겨 담는
인코딩 시간 10분

이 16분간
난 전쟁터에서
언제 죽을지 불안한
한 명의 병사다.

언제라도
들킬 위험을,
적군을,
경계해야 한다.

매일 저녁
식구들은 모르는
나만의 전쟁이 벌어진다.

나무껍질 ☆배정민

이맘 때 쯤
건조하고 딱딱해진
내 발바닥을 만지는 것 같아
찬바람도
무섭게 파고드는 벌레들도
모두 막아낼 줄 알았다.

껍질 사이의 빈틈은
모든 걸 온 몸으로 받아내며
견뎌내고 있었고,
깊게 파인 틈은
내가 알 수 없었던 슬픔이었다.

무서운 바람을
조용히 막아낼수록
파인 그 틈은 단단해졌다.

항상 엄마만 보면
마음에 없는 소리
툭 내뱉어
마음을 패이게 하는 나

차갑게 불어
상처 입히는 나는 바람이고,

그 바람을 묵묵히 견디는
나무껍질은
우리 엄마인가 보다.

합성착향료 ☆배정민

남에게 잘 보이기 위한
진실 없는 말들은
합성착향료다.

영양가 없고
색만 창창한
향료들

사람들은
합성착향료로 몰려든다.

벌써 ☆수지호

안녕하세요? 어머님~
동생의 영어 나이를 먹이는 분이다.
안녕하셨어요?
동생의 수학 나이를 먹이는 분이다.
엄마 비번 좀 쳐줘요.
동생이 컴퓨터로 나이 먹을 시간이다.

고1 공부가 중1 공부가 되고
중1 공부가 초6 공부가 된다.

동생은 벌써
초등 4년 공부를 한다.
동생의 나이는 10살인데
공부 나이는 몇 살일까?

걷는다 ☆수지호

한 걸음 내딛는다.
두 걸음 내딛는다.
빨리 달려본다.
그리고 그 끝에 도달했다.

뒤를 돌아보니 끈기가 있다.
멀리 바라보니 노력이 있다.
자세히 살펴보니 땀이 있다.

그렇게 앞으로 돌아보니
끈기와 노력과 땀으로 이루어진
내가 살아갈 세상이 있었다.

우와! ☆우지호

우와, 이걸 다해요?
우와, 시간 많나 봐요?
우와, 잠은 자나요?
우와, 밥도 못 먹죠?

그 많은 숙제 다 하려면
그 많은 공부 다 하려면
언제 식탁에나 앉아보겠어요?

우와, 정말 미치겠네.

풀 ☆수지호

필요할 때는 나타났다가
잊혀질 때는 사라졌다가
있는 듯 없는 듯
우리의 곁을 맴도는 풀

그 작은 몸으로 데굴데굴 굴러
우리의 곁을 찾아오고
그 작은 몸으로 데굴데굴 굴러
자신의 자리를 찾아간다.

힘들어도 사람들을 위해
하루에도 수백 번씩
굴러다니는 풀
사람들은
그렇게 헌신하는 풀을
툭툭 차고 다닌다.

그렇게 굴러굴러
헌신하던 풀은
허망한 느낌만 안고
장롱 틈으로 사라진다.

파리 ☆수지호

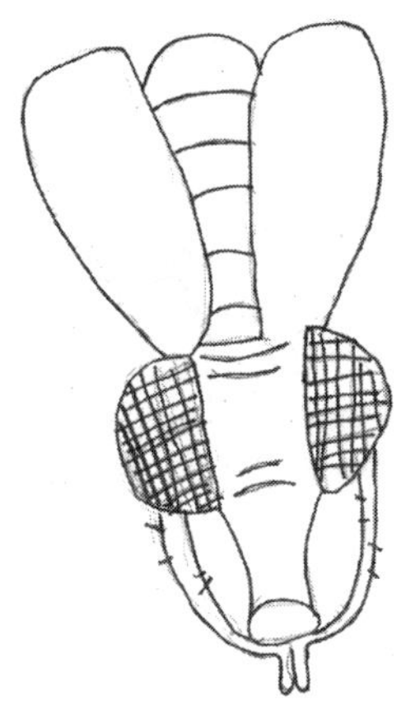

더럽습니다.
징그럽습니다.
짜증납니다.

모든 선입견이
모든 행동을 정하고
그 행동은 결국
약자의 피해입니다.

파리에 대한 선입견이
파리를 쫓는 행동을 정하고
그 행동은 결국
파리의 피해입니다.

무섭습니다.
억울합니다.
짜증납니다.

파리라고
생각이 없는 것은
아니겠지요.

이젠 2부랍니다!.

실내화 가방 ☆수지호

내 옆에 네가 있습니다.
너는 날 위해 모든 걸 줄 수 있고
나도 너에게 모든 걸 줄 수 있습니다.

야, 오늘 우림이 안 왔냐?
아프다나 뭐라나
아침에 지각이라 빨리 뛰어왔더니
실내화 가방도 두고 오고
친구도 두고 왔네.

너와 나는 평생의 파트너로서
서로 싸울 때도 있겠지만
싸우면 더 친해지잖아요.
너는 내 친구잖아요.
나는 네 친구잖아요.

세대차이 ☆수지호

하아, 요즘 어떻게 지내냐?
뭐, 죽지 못해 산다.
직장 다니느라 힘들지?
요새는 평생공부야, 평생공부. 배울 게 얼마나 많은데!
그러게 말이다. 술이나 먹자.
그래, 그래.

하아, 요즘 어떻게 지내냐?
뭐, 게임하는 맛에 산다.
학원 다니느라 힘들지?
프린트 완전 많아. 배울 게 너무 너무 많다구!
그러게 말이다. 컵라면이나 먹자.
그래, 그래.

부자지간의 세대차이
별 차이 없나 봅니다.

상상해봤어 ☆수지호

회사원, 청소부, 공무원
뭐, 요런 많은 직업들이 있겠지만
나를 대입해서 상상해봤어.
가슴 설레는 직업도 있더라고.

레지던트를 거느린 의사
불과 친구 맺은 요리사
묵비권을 행사하실 수 있습니다 형사

직업도 수 없이 늘고 있고
어린이의 수도 많이 늘고 있어.

상상해봤어.
모두 꿈을 이룬 세상을
모두 인생을 즐기는 세상을
한 번만 상상해봤어.

동생아 ☆수지호

너는 나에게 있어서
여름철 모기같이 귀찮고
이른 봄 꽃샘추위처럼 싫고
민방위 훈련의 사이렌같이
시끄러운 존재야.

듣고 있니?

너는 내가 힘들 때
여름의 삼계탕같이 개운하고
봄의 산들바람처럼
미숙하나마 위로해주고
민방위훈련의 의미만큼이나
중요한 존재야.

잘 들었니?
넌 내 동생이니까.

( )와 바꾸어 읽으시오 ☆수지호

젊어서 고생은 사서도(늙어서) 한다(신경통이다).
실천이(게임이) 말보다(공부보다) 낫다.
교육의(잔소리의) 실현은 인격의(자식의)형성이다(고통이다).
교육이란(컴퓨터란) 똑같은 생각을(오타쿠 생각을) 찍어내는
국영 공장이다(타쿠 공장이다).
자신을(게임에서) 화나게 했던(꼴찌하게 했던) 행동을
다른 이에게 행하지 말라.
교육은(실력은) 배운 것이(게임방법이) 잊혀졌을 때
살아남는 것이다.

위의 바꾼 명언들을 쓴 이유를 정리하겠다.
계란으로(딴지로) 바위치기(한탄하기).

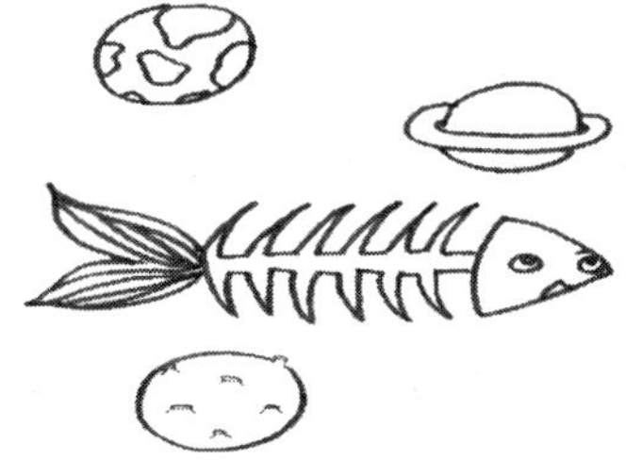

-지호에게

사춘기를 겪으며 ☆이인순

참으로 변화무쌍한 지난 한 해가 지나갔구나.

어린 시절, 바르고 착했던 아이의 모습만 알던 엄마에게 지난 한 해는 때론 벅차게, 때론 힘들게, 때론 지치게 만들기도 했단다.

모두들 사춘기라 그렇다며 나를 위로했지만 갑작스레 변했던 너의 모습을 보며 엄마는 난감하고 당황스러워 고민의 나날을 보냈었지. 그렇게 혼란에 빠져 너에게 많은 상처와 아픔을 준 것 같아. 지호야, 미안하고 또 미안해.

그렇지만 그런 과정이 있었기에 엄만 이 모든 것이 감사해.

이 모든 것을 겪었기에 너를 이해하고 너의 미래를 다시 생각하고 너와 발맞추는 법을 알게 됐거든.

이제 앞으로 다른 어떠한 일이 생기더라도 너와 내가 아니, 우리가족 모두 서로 의지하고 대화를 나눈다면 슬기롭고 현명하게 성장해 나가리라 믿어. 지금처럼 착하고 지혜롭고 사람들에게 믿음을 주는 사람이 되길 엄마가 열심히 응원할게!

우리 아들을 사랑하고 또 사랑하는 엄마가

$\alpha\beta$ ☆배정민

$\alpha\beta$만 나와도
뒤로 물러난다.

공포영화 포스터만 보고 겁먹어
보지 않는 것처럼

문제를 제대로 읽지 않아도
이미 내 머릿속은
2차 세계대전이다.

$\alpha\beta\alpha\beta\alpha\beta\alpha\beta\alpha\beta$
머릿속에서 요동쳐도

차분히 생각하면
금방 답이 나오는
이 문제처럼

살아가며
낯선 것이라
지레 겁먹지 않고

방정식처럼
풀어나간다면

모든 문제들,
명쾌하게
풀어낼 수 있겠지.

벽지 ☆배정민

사람들은 벽지다.

조금만 긁어내면
콘크리트 벽이 드러난다.

내방
꽃이 그려진 분홍색 벽지도
칙칙한 콘크리트를 감추고 있다.

안방
고상한 벽지도
탁한 콘크리트를 감추고 있다.

화사할수록
숨길 게 많고

고상할수록
꽁꽁 감춘다.

화사할수록
잘 벗겨지고

고상할수록
실망이 크다.

말하고 싶지만 ☆배정민

열다섯 살

나는
발언권이 없다.

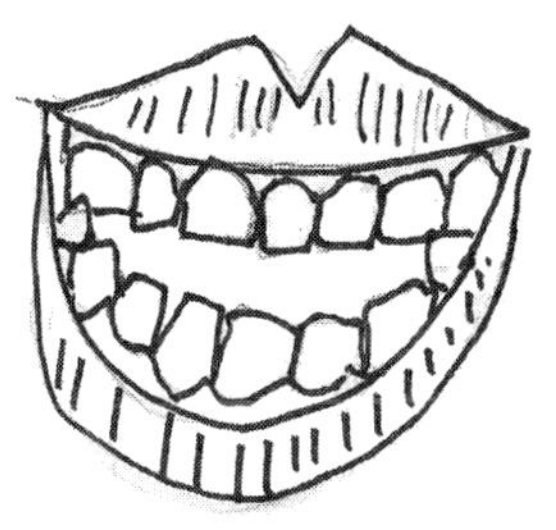

음소거 ☆배정민

음소거를 하면

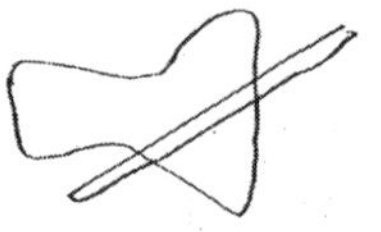

컴퓨터가 말을 못하는 걸까
내가 소리를 못 듣는 걸까

무말랭이 ☆배정민

근사하게만 쓰려했던
누군가의 시를 읽은 후

손가락이 꿈틀대고
손을 쥐락펴락하다
다리를 꼬고
결국
몸을 비틀었다.

탱탱하던 무가
오그라든 것처럼
나도 무말랭이가 되었다.

정민이에게

항상 네 뒤에는 ☆배성명

사랑하는 왕 딸!
아빠는 네가 세상에 나오던 날
세상을 다 가진 것 같았단다.

태어난 그 순간부터 이 세상이 끝나는 그 순간까지
널 지켜주고 싶구나.
네가 힘들고 지칠 땐 내가 너의 뒤에서 그 짐을 들어주고,
네가 아플 땐 밤새 간호해가며 너를 돌보겠노라고
다짐하고 또 다짐한단다.

앞으로 살아가야할 날이 많은 만큼
헤쳐 나가야 할 것들이 많단다.
어려울 때마다 당당하고 자신감 있게 헤쳐 나가길 바란다.

너무 힘들어 쓰러지고 싶을 때
항상 네 뒤에는 아빠와 가족이 있다는 것을 알아줬으면 한다.

아빠는 늘 너를 지켜보면서
마음속으로 빌고 또 빈다.
언제나 건강한 빛을 간직하기를….

토끼와 거북이 ☆김현숙

아침에 일어나보면 어느덧 10시
학교가지 않는다고
아직 시간 남았다고

이 닦는 거 10분
밥 먹는 거 10분
빨리 할 수 있는데…

느릿느릿
거북이가 뒤에서 쫓아온다.
그것도 모르고
나무에 기대는 토끼

아직 밤인 듯
다시 이불 속으로 들어간다.

느릿느릿
거북이가 세 개의 바늘이 되어
나를 괴롭힌다.

게으른 토끼
게으른 나.

겨울에서 봄으로 ☆김현숙

눈이 내리고
바람이 분다.

눈이 쌓이면
바람이 몸속을 파고들고
바닥이 언다.

미끌미끌
때로는 미끄러져도
겨울은 계속된다.

겨울로부터 봄으로 가는 길은
멀고 길고 험하다.
멀고 길고 험한 길을 거쳐
겨울은 끈기 있게 봄에게 다가선다.

나이테 ☆김현숙

따스한 햇볕 아래 자리 잡은 나무
물을 먹고 햇볕을 내리쬐고
겨울을 거쳐 가며
나무는 나이를 먹는다.

하나 둘 늙어만 가는 나이테 속에서도
나무의 푸르름은 사라지지 않고,
나뭇결 하나하나마다
생기 있게 돋아난다.

주인 없는 기쁨 ☆김현숙

가끔씩, 아주 가끔씩
귀찮아지고 힘들어지는
봉사활동

봉사활동을 할 때
진심이 없는 것 같아
때론 왜 하는 거지
생각이 들어도

가끔 바이올린 현을 켜서
사람들의 귀를 즐겁게 하고

가끔 어른들이 계신 곳에서
청소를 하고

이렇게 하루를 보내다보면
나도 즐겁고, 사람들도 즐거운
주인 없는 기쁨이 찾아온다.

새 옷 ☆김현숙

새 옷을 걸치듯
기분 좋게
상쾌하게

새로운 시작은
새 옷을 입는 것처럼
더 기분 좋고
상쾌하다.

그 시작을 어떻게 열어가야 할까?

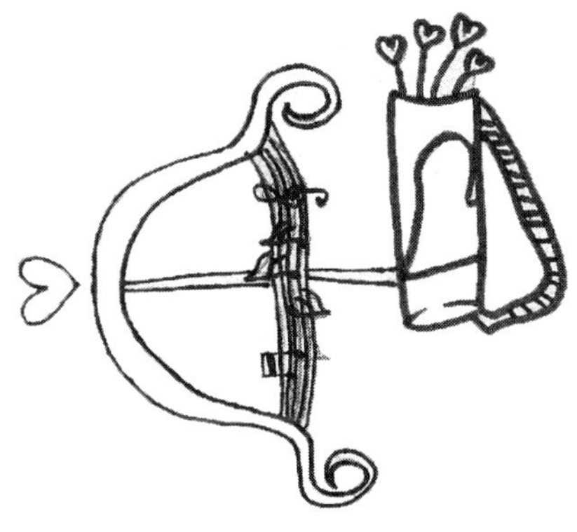

-현욱이에게

아들을 위한 기도 ☆김수진

아들아, 너를 처음 본 순간 엄마는
참 사랑이 무엇인지 깨달았단다.

사랑이란 아무런 보상이 없이도
맘에 넘치는 오로지 주고 싶은 마음만으로도
그 기쁨이 넘친다는 것을…
너의 작은 웃음 하나에
너의 작은 몸동작 하나에
엄마는 이 세상을 다 품은 듯 했단다.

너로 인해 세상을 향해 아무런 외침조차 없던 내가
엄마라는 이름을 내세워 세상을 향해 더욱 강해지고
누군가를 위해 살아갈 수 있는 넓은 마음을 지닌
나로 변화되었구나.

어느새 훌쩍 자라 우러러 볼 만큼 커버린 널 보며
엄마의 잔소리에 짜증내며
엄마의 말보다 네가 하고자 하는 일들에 치중하는 널 보며
때론 서운하여 엄마의 고집을 강요하고
때론 마음 상하여 화살이 꽂히듯 마음에 상처를 주기도 하지만
너로 인한 감사가 마음에 더욱 넘친단다.
v아들아, 아직은 미숙하여 부족함이 많은 엄마지만
너에 대한 사랑의 마음은 부족함이 없을 거라는 위안으로
오늘도 널 위해 기도한단다.

하나님!
저의 말이 아들에게 뾰족한 못이 되어 박히기보다
따스한 사랑의 말로 모난 마음을 녹여
위로와 평안을 줄 수 있게 하소서.
아들로 인해 제가 참 사랑을 배웠듯이
제가 아들에게 참사랑을 가르칠 수 있는
바른 행동을 하게 하소서.
세상에 눈에 보이는 물질적인 것을 탐하기보다
누군가에게 사랑과 위안이 될 수 있는 사람으로
성장하도록 하소서.

아들아!
사랑하고 축복해.

황토색 눈 ☆배예진

가을이 지나고
겨울에 들어서기 전
하나 둘씩 잎들이 떨어지면

새하얀 눈이 내리기 전에
황토색 눈이 내린다.
온통 황토색으로 세상을 덮는다.

새하얀 눈이 내린다는 것을
예보하는 듯
황토색 눈이 먼저 내린다.

바로 너야 ☆배예진

메마른 내 몸에
수분을 채워주는 물

찝찝하고 답답한 기분을
날려주는 물

세상을
맑게 해주는 물

하지만 너무 과하면
재앙이 되는 물

넘쳐나면
슬픔이 되는 물

가끔씩 나를
힘들고 슬프게 해도
없으면 살아갈 수 없는 물

성열아, 바로 너야.

졸업 ☆배예진

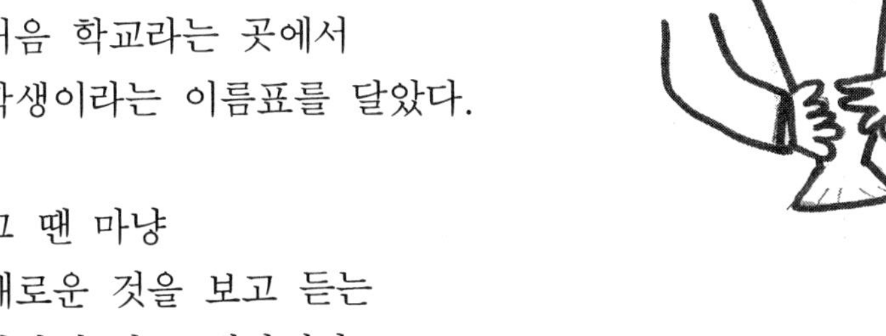

여덟 살 때,
갓 유치원을 졸업해
처음 학교라는 곳에서
학생이라는 이름표를 달았다.

그 땐 마냥
새로운 것을 보고 듣는
하나의 다른 세상이라고
기뻐 팔딱 뛰었지만

지금 내 나이 만 열세 살,
레이스가 달린 원피스를 버리고
모두가 똑같은 옷을 입고
똑같은 목표를 가지고
맞추기라도 한 듯
똑같이 공부를 한다.

졸업식 날
힘겹게 안겨진 꽃다발 때문에
내 팔이 부들부들 떨린다.

난 우리말이 좋은데 ☆배예진

어느 거리를 가도
간판에는 영어 한 글자씩은
모두 새겨져 있다.

대화를 해도
센스 없게 자꾸 튀어나오는 영어

번역을 하자니 뜻이 이상해지고
계속 쓰자니 답답하기만 하다.
이젠 나에게 영어를 배우라고 압박을 한다.

난 우리말이 좋은데
어쩔 수 없이 영어 앞에서
흰 깃발을 들어야 하는데
아직도 인정할 수 없다.

플룻 ☆배예진

일자 막대기에
복잡한 버튼이 달려 있는 내 플룻.

얼마나 고생이 심했는지
군데군데 찌그러진 곳도 있고
흠집도 나 있고
내 손길도 많이 닿은 흔적이 있다.

여기에 오기까지
나는 플룻을 사랑했을까?

한때는 플룻과 이별한 적도
울어본 적도 있었다.

다시 만날 땐 더 많이 힘들었지만
이제는 다시 놓고 싶지 않은 걸 보면
나는 플룻을 사랑하나 보다.

-예진이에게

어머니의 기도 ☆윤지향

주여!
사랑하는 자녀가
꿈과 비전을 이루어 나가며
기쁨이 넘치는 삶을 살게 하소서.

환난과 핍박이 올지라도
끝까지 인내하며
소망 중에 살게 하소서.

부정적인 말과 행동을 버리고
언제나 긍정적인 마음으로
올바른 행동을 하게 하소서.

다른 사람의 잘못을 용서하게 하시고
가슴에 담지 않으며
억울한 일을 당하여도
마음에 분을 품지 않게 하소서.

이웃을 대접하고 존중하며
사랑으로 세상을 품게 하시고
세상을 이끄는 사람이 되게 하소서.

멈출 수 없다 ☆이원종

난
눈물을 기억한다.
울음을 기억한다.
그들의 울부짖음을 기억한다.

눈물은 잊을 수 없다.
눈이 보이지 않아도 느껴지는
조용한 보슬비처럼

울음은 버릴 수 없다.
몇 백 년 동안 땅속 깊이 박힌
커다란 나무의 뿌리처럼

울부짖음이란
멈출 수 없다.
진정으로 눈물이 나와
진정으로 울고 싶어
내 처지를 떨쳐버리고
그것을 잃을 수 없어
가슴을 친다.
무릎을 꿇는다.

손을 뻗어 하늘을 만지려 한다.
희미하게 잡혀가는 하늘을 느끼고 싶어
그에게 짖는다.
울부짖는다.

두루미들의 집 ☆이원종

두루미 가족이
잠시 집을 비운 사이
두루미 산은 없어졌다.

겨울에 돌아온 두루미 가족들은
집을 바로 앞에 두고도
잘못 온 줄 알고
다시 날아가는데…….

길 ☆이원종

어느 날, 나라는 인간이
아주 작은 길에 섰다.
보이기만 하고 갈 수는 없는
과거라는 길을 뒤로하고
앞으로 갈 수는 있지만 보이지 않는
현재라는 이 길에서
미래라는 길을 향해 걸어간다.

작았던 길은 점점 넓어지고
느렸던 내 발걸음도 점점 빨라진다.

어느 날 친구라는 동반자를 만났다.
길은 두 배로 넓어지고
발걸음도 두 배로 빨라진다.

동료라는 신기한 것을 만날 때마다
무엇이든지 넓어졌고
무엇이든지 빨라졌고
무엇이든지 커졌다.

나의 길도 나의 발걸음도
나의 키도 나의 의지도…….

나뭇잎 ☆이원종

조용히 또 사뿐히
내려앉는 저 눈 위에는
끝까지 세상을 위에서 바라보려는
작은 손가락들의 발버둥이 있다.

다른 4개의 손가락들은
모두 아래에서 기다리지만
모두 아래에서 말라가지만
끝까지 살고 싶은 나는
네 손목을 붙잡고 달려있다.

얘기로만 듣던
하얀 세계를 직접 보고 싶어
수십 년을 기다려 꿈에서 보던
하늘의 하얀 눈물을 본다.

가을에
아름답다 예쁘다고 말하는
당신들을 생각하며 떨어지는 나는
아직도 내 모습이
아름다울지 생각한다.

오르고 내리는 날이 있듯
다시 오를 날을 생각하며
눈물과 함께, 흙과 함께 떨어진다.

태극전사여, 그대들이여 ☆이원종

주몽이 걸어갈 때
그대들은 공에 발을 올리고

광개토대왕이 말 위에 올라설 때
그대들은 공과 함께 뛰어가고

김유신이 말고삐를 당길 때
그대들은 동료와 함께 공을 돌리고

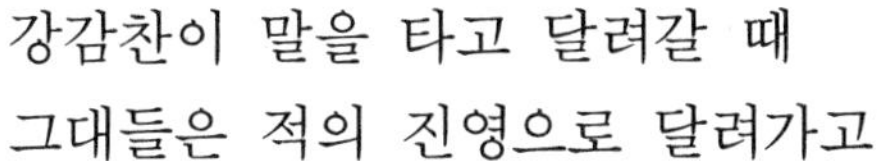

강감찬이 말을 타고 달려갈 때
그대들은 적의 진영으로 달려가고

이순신이 배에서 공격을 명령할 때
그대들은 적의 선수들을 재치고

김좌진이 총을 쏘기 시작할 때
그대들은 저 멀리 동료에게 공을 올려주고

우리들이 '대한민국'이란 함성을 외칠 때
그대들은 시원하게 출렁거리는 골문을 바라본다.

-원종이에게

좋은 상식을 창조하는 아이들 ☆이근호

나는 상식을 좋아한다. 또한, 좋은 상식을 잘 지키는 사람들을 좋아했다. 나 역시 좋은 상식을 지키기 위해 노력했으며 이제는 더 나아가 스스로 좋은 상식을 만들기 위해 노력하고 있다. 십여 년 전 아이들의 이름에도 이러한 의미를 가득 담았다. 이제는 아이들도 그 의미를 다소나마 이해하고 있으리라 기대한다. 이러한 기대와 함께 그 이름에 담은 좋은 상식에 대해 함께 공유하고자 한다.

우선, 좋은 상식은 '보편성'이 있어야 한다. '보편성'은 사람들에게 널리 퍼지거나 퍼지게 하는 것을 말한다. 특정한 사람이나 조직이 갖는 특수성에서 벗어나 일반적인 사람이나 조직에서 통용되는 상태라 할 수 있다. '보편성'이 상식을 구성하는 중요한 속성인 것이 분명하지만 '좋은 상식'은 이것만으로는 부족하다. 왜냐하면 '보편성'이 있는 것 중에는 좋지 못한 것도 많이 있기 때문이다.

좋은 상식을 위한 두 번째 조건은 '타당성'이다. '타당성'은 형편이나 이치에 마땅히 들어맞는 것을 의미한다. 이성적이고 논리적이며 합리적인 속성이 여기에 속한다. 보편성과 타당성을 갖춘 인간의 가치라면 '좋은 상식'으로 생각하는데 큰 무리는 없어 보인다. 그러나 나는 우리가 추구해야 하는 '좋은 상식'의 조건에 한 가지를 더 추가하고자 한다.

그것은 '건전성'이다. '건전성'은 건강하고 건실한 것을 의미한다. 또한, 도덕적이고 분별이 있는 것을 의미한다. 그 속에는 태초에 형성된 인간의 양심이 포함된다.

보편성과 타당성을 갖춘 인간의 가치는 쉽게 만들어지지 않는다. 게다가 '건전성'을 추가하면 더더욱 그렇다. '보편성'은 적지 않은 인내가 필요하다. 내가 알고 있는 것, 내가 생각하는 좋은 가치를 널리 알리기 위한 시간이 필요하다. 일시적으로 좋은 것이 아니라 긴 시간 동안에도 좋은 것으로 남을 수 있는, 오히려 시간이 가면 갈수록 더 좋은 것으로 인정될 수 있는 가치여야 한다.

‘좋은 상식’을 만드는 과정은 ‘창조’의 과정에 비유될 수 있다. ‘창조’는 독창적이다. 이전에 없었던 새로운 길이다. ‘창의성’을 필요로 한다. ‘창조’ 또는 ‘창의’는 예나 지금이나 각종 교육에서 가장 강조되는 덕목의 하나이다. 인터넷을 통한 정보가 넘쳐나는 요즘에도 ‘창의성’을 강조하는 기세는 꺾일 줄 모르고 높아간다. 유치원부터 대학에 이르기까지 어지간한 교육기관의 목표 또는 미션을 검색해보면 ‘창의 또는 창조’와 관련된 용어를 찾기가 그다지 어렵지 않다.

‘창조’의 가장 이상적인 사례로 성경에 묘사된 ‘인간의 창조’를 들 수 있다. 창세기에서는 인간을 창조해 가는 창조자의 심정을 잘 묘사하고 있다. 즉, ‘하나님이 땅의 흙으로 사람을 지으시고 생기를 그 코에 불어넣어 사람이 생령이 되었으며 또한, 하나님의 형상대로 사람을 창조하셨다.’라고 되어 있다. 나는 이를 ‘창조자이신 하나님이 자신의 전 인격을 담아 사람을 창조한 것’으로 이해한다.

‘좋은 상식’을 창조하기 위해서는 ‘보편성’과 ‘타당성’ 그리고 ‘건전성’에 대한 분명한 기준이 있어야 한다. 나는 이것을 ‘좋은 상식을 위한 창조의 도구’로 표현하고 다음 세 가지를 제시하고자 한다. 첫째, ‘하나님의 말씀인 성경’과 둘째, ‘인간에게 인격으로 부여하신 순전한 양심’과 셋째, ‘인간에게 선물로 준 재능’이라고 할 수 있다. 이를 요약하면, 사람은 하나님께서 사람을 창조한 그 진리에 대한 깊은 이해가 있어야 우리 사회에 필요한 좋은 상식을 창조할 수 있다.

나는 나와 우리 아이들이 좋은 상식을 많이 만들어 사회와 인류에 공헌하는 사람이 되기를 간절히 원한다. 이를 위해 창조자의 심정으로 현재 있는 위치에서 어제보다 나은 오늘을 만들기 위해 고민하고 서로 협력하는 모습을 기대한다. 그러한 작은 모습이 모여서 행복한 인류를 만든다고 생각하는 것은 참으로 큰 즐거움이고 기쁨이 아닐 수 없다.

박수 ☆유윤선

저 멀리 나에게 들려오는
귀를 맑게 해주는 저 소리

손이 서로 만나며
누군가를 위로하듯
누군가를 응원하듯
또 누군가를 축하하듯

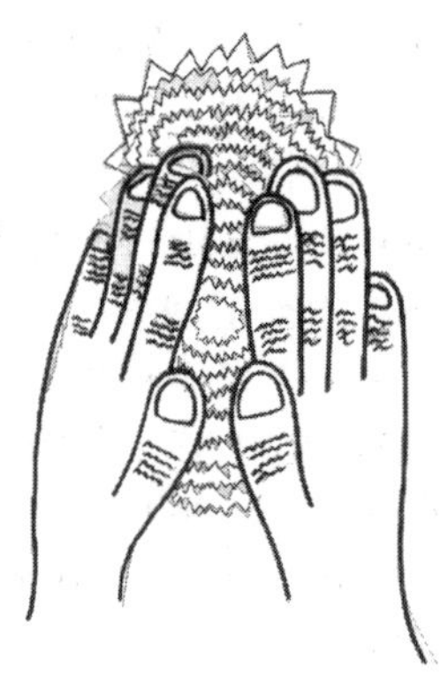

절대 지구를
떠나지 않을 것 같은
따스한 멜로디

그것은 또 다시
꿈과 용기를 전하러
온 세상을 누비고 있을까?

밤 9시 ☆유윤선

어두워지는 지금 이 순간
밤하늘엔 별 다섯 개
하늘을 올려다보면
반짝반짝
저 멀리 작은 별 날 부르나

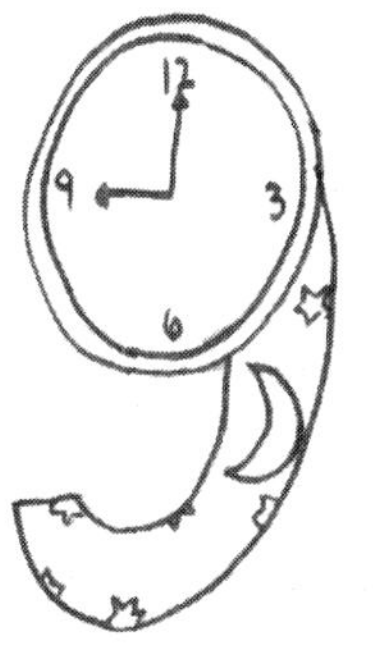

어두워지는 이 저녁 날에
아파트 불들은 하나 둘씩 꺼져가고
내 방 불은 켜져 있는 지금 이 순간

잠이 나를 유혹해
마음만 다급해지는 밤 9시
내일이 금방 올 거라는 경고에
어쩔 수 없이 책을 펼치게 되는
밤 9시

등굣길 ☆유윤선

빨리 가고 싶은 나의 마음
몸은 무겁고 배는 고프고
답답한 머릿속엔 이미
지각이라는 단어뿐

스쳐 지나는 꽃보다
난 벌점이 더 중요하고
내 발에 밟힌 벌레보다
난 학교가 더 중요하고
길에 내동댕이쳐진 빵 봉지보다
난 선생님의 훈계가 더 중요했다.

급하다는 이유만으로
바쁘다는 이유만으로
망가진 너희들

내가 언제쯤 너희를 지켜줄 수 있을까?

샤프심 ☆유윤선

너무 연약해
톡 치면
부러질 것 같은 생김새
그 샤프심이 부러운 나

언제부턴가
샤프심이 자꾸
부러진다.

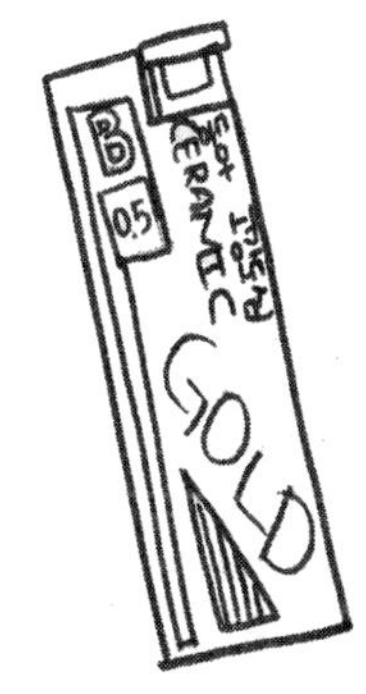

날씬한 것도
좋은 것은 아닌가 보다.
차라리 나같이
튼튼한 게 나은가 보다.

봄바람 ☆유윤선

차가운 공기 속
달려가는 내 발걸음을
멈추게 한 봄바람

연꽃처럼 부드러운
엄마의 품 속 바람이
그동안 얼어있던
내 볼을 녹여줄 때
누군가 편지로 보낸 듯
나는 봄소식을 듣는다.

달달한 꽃내음이 그리워지고
나풀나풀 나비들의 춤사위가
그리워지는 지금
봄은 시작되고 있었다.

-윤선이에게

그네의 추억 ☆박찬숙

아기가 그네를 너무 좋아해서
그네에 앉아 밥을 먹고
그네에서 잠을 잤지.
그네가 멈추면 아기가 울기 때문에
밤새 그네를 흔들어 주어야만 했어.

늦은 밤
아기가 그네를 타다가 그만 떨어져 버렸어.
눈썹 밑이 찢어져 새빨간 피가 흘러
이 병원 저 병원을 다니며
눈물로 밤을 새웠지.

어느새 훌쩍 자란 아이를 보며
엄마 아빠는 기도를 한다.

이 세상 어디서 무엇이 되던지
행복하고 건강하게 자라기를….

동백나무 이파리 하나, 솔방울 하나 ☆김윤호

동백나무 잎 한 장이 바람에 흔들린다.
상록수나무 가지가 바람에 흔들린다.
모든 것이 흔들린다.
심지어 나까지도 흔들린다.

백일홍 잎 한 장이 멈춘다.
솔방울 하나가 황금빛 햇살을 받아 멈춘다.
하지만 나는 계속 흔들린다.

지금도 그리고 60년 후에도 나는
흔들리고 또 흔들리겠지만
그 맛에 인생을 살 것이다.
떨어질 듯 흔들리지만
떨어지지 않는 우리들 목숨처럼.

실패한… ☆김윤호

이 수선화는
나비를 불러들이지 못한
실패자이다.

씨를 퍼뜨려 번식하는 다른 꽃들을
쳐다볼 수밖에 없는.

이 유리컵은
사람들에게 선택받지 못한
실패자이다.

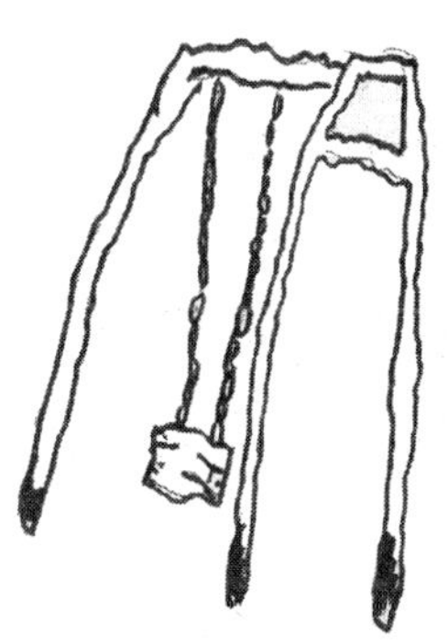

향 좋은 차를 담는 다른 컵들을
바라볼 수밖에 없는.

그렇게 성공한 자들을
우러러 볼 수밖에 없는
실패자이다.

Mission Complete! ☆김슬초

띵동~!
미션의 시작을 알린다.
학생이라는 대기요원들이 운동장에서 임무를 시작한다.
미션명 : 모든 유혹을 뿌리치고 제한시간 내에 착석하라.

모든 일에는 유혹이 있듯
10시 방면에 요염한 자태를 뽐내는 정수기가 있다.

뿌리쳐야만 한다.
4년을 올림픽을
준비한 육상선수처럼
지금이 아니면 안 된다.

이미 들어와 여유 부리는 아이들의 눈길을 받으며
의자에 쓰러지듯 앉는다.

오늘도
Mission Complete.

보물찾기 ☆김윤호

아이고, 아까운 내 새끼들
잠깐만 요기 금고에 숨어 있어라.

그저께 뉴스에 나온
유명 국회의원의 전 재산이 2억 7천2백60만원이라던 말

더하기도 틀리는 어른들에게 묻습니다.
1억 5천만원과 3억 7천2백만원을 더하면
2억 7천2백60만원이던가요?

오늘도 세금 포탈자 나무꾼과
검찰 포수꾼이
돈이라는 사슴을 놓고
숨바꼭질을 벌입니다.

국수 한 그릇, 소주 한 잔 ☆김슬초

회사 사람들이 술집에 몰려다닐 연말
달빛도 비치지 않는 저 곳에
포장마차가 나지막이 서 있습니다.

오늘도 찾아와
벌써 10분째 신세한탄하고 계신 아저씨
소주 같은 것은 입에 대지도 않는다고
거절당해서 혼자 오신 아저씨

오늘도 아저씨는
국수 한 그릇, 소주 한 잔을 벗 삼아 울고 있습니다.

그런 아버지들
우리 아버지는 아닐까요?
혹시 당신의 아버지는 아닐까요?

-윤호에게

가족사진 ☆남혜숙

거실 벽 한 귀퉁이
바래고 비뚤어진 네모 틀 안에
언제나 행복하게 웃는 그들

세월의 악다구니 속에서
가끔 먼지떨이개로 한 번 쓰윽
무심코 지나치는 얼굴들

가슴 한 켠이 무너져 내릴 듯한 어느 날
우연히 마주친 그 눈빛에
그만 툭 터져버린 눈물

이사할 때마다
걸까말까 망설이던 그곳에서
내 곁으로 모여 앉은 그들

이젠 볼 수 없는 얼굴과
내 손보다 더 커버린 조막손들
그들은 언제나 함께 해주는 내 영혼의 버팀목

들꽃 ☆이지윤

그대만큼 순수한 얼굴
어디 있으랴.

조그맣고 흔하디흔해도
소박한 꿈 안고 가면서

화려함에 물들지 않고
여린 빛 뿜고 살면서

힘은 없어도
흠이 없다고
말해주고 싶은 그대

그대만큼 투명한 마음
또 어디 있으랴.

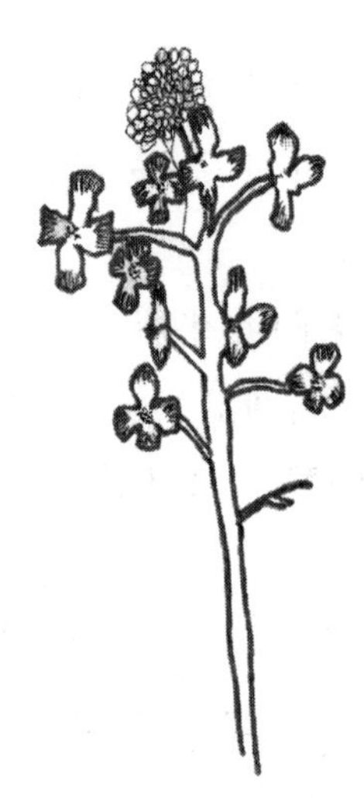

그래서 오작교가 생겼다네 ☆이지윤

까치가 왔어, 드디어 까치가 왔다고
하던 일 냅다 뿌리치고
앞섶에 두 손 슥슥 닦더니만
콧노래 흥얼흥얼 들썩이더래.

까마귀가 왔어, 빌어먹을 까마귀가 왔다고
오만 인상 끌어다가
욕 한 사발 족히 퍼주더니만
한숨만 푹푹 찌더래.

깜댕이 두 놈 잡아다가
모이 들이밀면 기똥차게 먹어대고
날갯죽지 아작내면
자빠져서 꼴깍하는 건 똑같구먼.
한 놈은 얼싸안고
한 놈은 걷어차면
뭐 어디 억울해서 살겠나.

삼신할매 날 받아다
까치파 까마귀파
세상 두 동강 날 지경이니
이 무슨 실랑이냐
결투로 한 판 짓자.

열 올라 쌔빠지게
머리 디밀기 한창인데
희한한 놈
뒤통수 한 방씩 갈구는 거야.
골 때려 찔끔 쳐다보니
아니, 글쎄 직녀와 견우라지.

뭐, 별 수 있나
머리 빠져서 대머리 된 꼴이지.

물의 종류 ☆이지윤

폭포수처럼 시원하고
우렁차게 내려오지 않아도
웅덩이에 고인 물이 되고 싶다.

호수처럼 잔잔하고
아름답게 흐르지 않아도
웅덩이에 고인 물이 되고 싶다.

세차게 지나가는
자동차에 짓눌려버려도
조금 더 아파보고 싶다.

흙탕물이 되어 있을 지라도
소금쟁이의 터가 되고
아이들의 소꿉 터가 된다면
조금 더 지켜주고 싶다.

폭포수 호수도 마다하고
천천히 많은 것을 경험하는
웅덩이에 고인 물로 남고 싶다.

덕혜옹주마마께 ☆이지윤

왜 하필 황녀로 오셨습니까.
선하디선한 기품으로 나셨으면서
뭐 부족하다고 이리로 오신 겁니까.

태초부터 정해진 운명인 걸
혹 마마는 아셨습니까.
진작 알 일이었지만
또 민들레 홀씨마냥
꼬임에 넘어오신 겁니까.

고귀하신 옹주마마 너머에는
결코 품어서는 안 될
서리와 연민이 깃들어 있었습니다.

왜 기어코 내치지 않으셨습니까.
눈물 속에 묻혀버려
민들레 홀씨처럼 거두시지 못하신 겁니까.

옹주마마,
동행하지 못하고 달빛 아래
연유만 묻는 소인을 용서하지 마십시오.

마음을 비우면 ☆이지윤

사람이란 동물은
마음을 비워 놓으면
누군가 다시 채워 놓는다.

그건
사람의 힘도 아닌
자연의 힘도 아닌
내 안의 힘이다.

더 힘들게 하는 건
사람의 힘도 아닌
자연의 힘도 아닌
내 안의 힘만이
마음을 비울 수 있다는 것

그래서 마음을 비우면
더 강해지는 것이다.

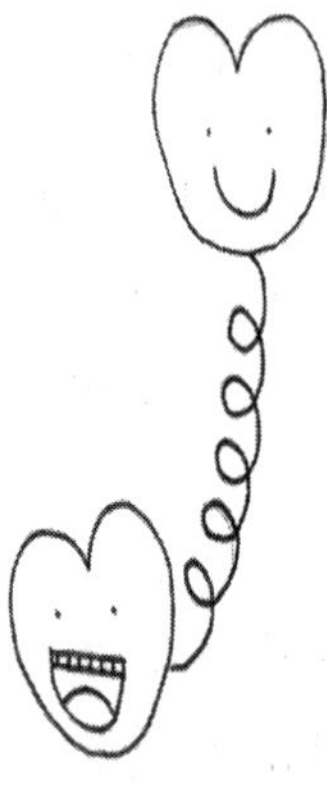

-지윤이에게

짧은 독백 ☆박미자

살기 참 바쁜 세상이다. 그래서일까.

바로 앞의 이익만을 쫓는 사회 속에서 여유란 단어가 부담으로 느껴진다. '엄마'라는 인생의 선배로서 짧은 독백을 쓴다.

우리 인생은 스포츠 게임과도 같다.

스포츠 게임에 전반전과 하프타임, 후반전이 있듯 인생에도 이런 규칙이 존재한다. 전반전이 끝난 후 하프타임에 이를 돌이켜 보고, 후반전의 작전을 잘 구상해야 최후의 승리자가 될 수 있다.

'짧은 하프타임을 어떻게 보내느냐'가 경기의 관건인 것이다.

살면서 느낀 건 이처럼 인생의 '하프타임'을 잘 보내야 한다는 것이다. 하지만 아무리 잘 짜여진 하프타임이라도 백발백중 맞아떨어지는 것은 아니다. 스포츠 게임에서 나름대로 전략을 짰다고 해도 매번 승리하는 것은 아니라는 것이다. 단지 너에게 말해주고 싶은 것은 결과의 승리보다는 과정의 경험을 기억해 주었으면 한다.

하프타임이 인생의 순간순간을 좌우할 수 있지만, 자신감에 차서 너무 앞만 바라보고 갈 수 없는 것이 지금이다.

한 걸음 멈춰서 내가 생각하고 마음 닿는 곳에 여유와 작은 행복이 숨 쉬고 있음을 깨달았으면. 행복은 바로 내 안에 있다는 것을 알아주길.

해바라기가 해에게 ☆이연선

어느 봄날
따뜻한 햇볕을 한 몸에 받으며
눈부신 해 만큼이나 환한
어린 해바라기가 한 송이 피었다.
해바라기의 얼굴은 밝은 미소로 가득 차있다.
해바라기의 두 볼은 기대로 한껏 부풀려져 있다.
그러나 해는 작은 해바라기의
커다란 꿈을 볼 수가 없다.

어느 여름날
따가운 햇볕을 홀로 견디며
피어난 해바라기를
해는 결코 돌아봐주지 않는다.

어느 가을날
해의 뒤를 한없이 따라다니는
외로운 해바라기가 해에게.

할머니의 밥상 ☆이연선

할머니의 밥상 위에는
언제나 따뜻한 밥도
매콤한 김치찌개도
금방 구운 생선도
조금씩 덜어 담은 김치도
올려져있다.

봄의 나른한 햇살에도
여름의 뜨거운 태양에도
가을의 쓸쓸한 바람에도
겨울의 날카로운 추위에도
할머니는 언제나 우리 집에 오셔서
밥상을 차려주셨다.

그리고 나는
심술궂은 날씨처럼
그 커다란 고마움을 모르고 자라왔다.

그래서 더 죄송하고 더 감사한
할머니의 밥상
그 밥상위에는
할머니의 큰 마음만큼
딱 그만큼의 사랑이 담겨져 있다.

벙어리장갑 ☆이연선

낡은 놀이터에
벙어리장갑 한 짝이 떨어져있다.
어린 꼬마의 것인지
눈 위에 얼어있는
작은 벙어리장갑 한 짝

차갑게 식어버렸을
꼬마의 어린 손을 기다리는 냥
매서운 바람에도 꿈쩍 않고
그 자리를 지키고 있다.

하지만 이내 주위가 어둑해지고
간간히 눈발이 벙어리장갑 위에 내려앉는다.

가로등에 반짝이는 눈을 덮고
새우잠을 자는 벙어리장갑
꿈속은 이미 꼬마의 손을 가만히 녹여주고 있었다.

자장가 ☆이연선

엄마가 아이에게 자장자장 노래를 불러준다.
아이의 눈이 스르륵 감기자
모두들 숨을 죽인다.

째깍째깍 시계도
숨을 죽이며 자장자장
시끄럽던 바람도
나무위에 앉아 자장자장
쌔근쌔근 엄마의 숨소리도 자장자장

아이만을 위한
세상에서 가장 특별하고 달콤한 노래를 불러준다.

눈밭 ☆이연선

꽃밭은 색색의 꽃을 키운다.
논밭은 풍요로운 황금빛 벼를 키운다.
그러나 눈밭은 아무것도 키워내질 못한다.

눈밭은 넓은 품으로 흙을 감싸 안는다.
그 안에서
겨울의 칼바람에 떨지 않도록
봄의 햇살만 받을 수 있도록
그 푸근한 마음이 흙속까지 전해질 수 있도록

꽃밭은 색색의 꽃을 키운다.
논밭은 풍요로운 황금빛 벼를 키운다.
그리고 눈밭은 봄을 키워낸다.

-연선이에게

여정(旅程)의 즐거움에 대해서 ☆이현상

산을 좋아하는 이 아빠 때문에 어렸을 적부터 이곳저곳 따라다녀 이제는 펜션보다 텐트에서 자는 것이 더 익숙해진 나의 사랑하는 딸 연선아!

오늘은 네게 아빠가 존경하는 스웨덴 출신의 한 산악인을 소개하려고 한다.

우리나라에도 물론 엄홍길, 박영석 등 유명한 산악인들이 많은데 굳이 아주 먼 나라의 생소한 사람을 소개하는 이유는 따로 있어. 바로 '과정'을 중요하게 생각하고, 그것을 즐기려는 그만의 독특한 가치관이 돋보이기 때문이야.

그의 이름은 괴렌 크롭(Göran Kropp). 이름도 참 독특하지?

안타깝게도 지난 2003년 미국 워싱턴 주의 협곡에서 암벽등반 도중 추락사하였는데 살아생전 그의 등반 경력은 매우 독특하고 창의적이었단다.
히말라야를 오르려는 대부분의 산악인들은 차량이나 헬기, 수많은 짐꾼들을 이용하여 최대한 높은 고지까지 이동하며, 해발 5000m까지는 거의 '공짜'로 등반하고 있단다. 더 나아가 셀파(네팔의 고산지대 민족)를 고용하여 정상까지 설치한 고정줄을 붙잡고 정상에 오르는 경우도 다반사야. 스스로의 힘으로 올라가는 것이 아니지.

그러나 괴렌 크롭은 그런 식으로 등반하지 않았단다.

그는 고향인 스톡홀름에서부터 자전거를 타고 스웨덴을 나와 네팔까지 갔어. 그런 다음 65kg에 이르는 짐을 지고 홀로 카드만두에서 에베레스트의 베이스캠프까지 걸어서 올라갔지.

더 놀라운 것은 완전히 혼자 힘으로 에베레스트 정상을 등정한 후, 집으로 돌아갈 때도 3,200km나 떨어진 집까지 다시 자전거를 타고 돌아갔다는 것이야. 친환경주의자였던 그는 그 긴 여정 내내 화석연료를 태우는 어떠한 운송도구도 이용하지 않았던 것이지.

남극점에 도전할 때의 그의 일화도 유명하단다.

미국 시애틀에서 남극대륙까지는 돛단배를 이용하고, 대륙에 내려서는 단독으로 450km(부산보다 멀다!)를 스키로 이동하여 남극점을 다녀왔어. 믿거나 말거나 식의 이런 등반기록은 엄연한 사실이지.

우리나라도 기록 면에서만 보자면 산악강국이라고 할 수 있어.

전 세계적으로 겨우 10명 조금 넘게 성공한 히말라야의 8,000m급 14개봉 등정자만 4명이거든.

그분들은 8,000m급 봉우리를 모두 등정하는 세계적인 '위업'을 쌓았지만, 이 아빠가 생각하기에 우리는 너무 최고 기록(highest record)만을 높게 평가할 뿐 결과에 이르기까지 '과정'의 즐거움은 가볍게 여기는 것이 아닌가 생각해.

괴렌 크롭이 세계 최고봉을 등반하였다는 결과는 그리 중요하지 않아. 최고봉에 이른 순간은 극히 짧은 한 순간이거든. 괴렌 크롭은 '결과'가 아니라 바로 '과정'을 중요하게 생각하고, 세계 최고봉이나 남극지점에 이르기까지의 긴 시간을 즐겼기 때문에 행복했던 것이라고 이 아빠는 생각한단다.

사랑하는 연선아!

너도 지금 하고 있는 공부를 '즐기려는' 마음을 가져보면 어떨까? 물론 결과를 확인하는 시험이라는 부담은 있지만 단지 시험만을 잘 보기 위한 공부가 아니라 지식을 넓고, 깊게 쌓아가는 즐거운 과정이 바로 '공부'거든. 공부하는 과정을 즐긴다면 너의 인생은 더욱 풍요로워지겠지. 부디 내 딸 연선이도 '과정'을 즐기면서 '행복'을 느끼길 이 아빠는 진정 바란단다.

2011년 2월 아빠로부터

과연 나는 당신을 사랑할까요? ☆박소희

과연 나는 당신을 사랑할까요?
나를 위해 수술한 손으로 아침을 차리는 당신
과연 나는 당신을 사랑할까요?
나를 위해 호주여행이라는 꿈을 버리는 당신
과연 나는 당신을 사랑할까요?
나를 위해 학교 급식소에서 일했던 당신
과연 나는 당신을 사랑할까요?
나를 예술의 세계로 한껏 모험하게 해주었던 당신
과연 나는 당신을 사랑할까요?
네, 나는 당신을 사랑합니다.
아니, 꼭 당신을 사랑하고 말 것입니다.

당신, 어머니를요.

일어나야지! 하지만 ☆박소희

톤 높은 소리 때문에
꿈의 환상 늪을 파헤치고
꿈의 주인공들을 외면하고
꿈의 블랙홀 속에서 빠져나오려하지만
꿈속 무언가가 날 자꾸 잡아끈다.

다시 꿈의 늪에 빠지고
꿈의 주인공을 만나고
꿈의 블랙홀 속에 '풍덩'이다.

언제든지 꿈은
날 자신의 품속으로 데려가려고 한다.

아기와 나 ☆박소희

동화책인 나
아무것도 모르는 아기

또다시 고문이다.
아기는 날 못살게 군다.
나에겐 여러 가지 벌이 주어진다.
콧물, 우유, 침 그리고 코딱지
내가 이걸 받아내야만
아기는 나의 주인이 된다.
주인 없는 나에겐 더없이 큰 행복이지만
아기가 주인이란 것이 다만 아쉬울 뿐이다.

찢겨지고 던져져도
난 아기가 좋다.
나에게 관심을 주는 아기가 좋다.

광고지 ☆박소희

이글거리는 피자를 찍어 놓은 광고지
선홍빛 최고급 한우를 찍어 놓은 광고지
보글보글 거리는 해장국을 찍어 놓은 광고지

이걸 보고 자연스레 말하는 말
먹고 싶다.

광고지는 나를 설득한다.
외식에 굶주려있는 광고지는 먼 곳에 있는 오아시스다.
배고픈 나에게 엄마는 한숨을 내밀며 끝내 전화기를 내민다.

광고지는 날 미소 짓게 한다.

배고픈 변기 악어 ☆박소희

배고프다
기침한 휴지를 보고
변기는 입맛을 다시면서
변기의 입에는 침이 고인다.

휴지 넣으면 기다렸다는 듯
침을 회오리로 만들며
휴지를 흡입한다.

다시 배고프다
먹이를 기다린다.

변기 악어는 죽을 때까지
입을 벌리며
먹이를 기다린다.

-소희에게

네 꿈을 펼치렴 ☆김금자

속 정 깊은 내 딸 소희야!

마냥 철이 없고 어려 보여서 걱정스러웠던 딸이 싫은 내색하지 않고 묵묵히 네 역할을 잘 해줘서 고마워.

벌써 두 번째 시집을 낸다고 하니 기쁘고 대견스럽단다.

한참 호기심 많고 하고 싶은 일들도 많을 텐데 학교에 학원에 다람쥐 쳇바퀴 돌 듯 밤늦게 지쳐서 오는 너를 보면 안쓰럽단다. 꼭 이렇게까지 해야 하나! 우리 소희가 진정 무얼 좋아하는지 어떤 소질이 있는지 엄마가 어떻게 챙겨주어야 하는지 숙제란다. 오빠한테 신경 쓰느라 딸에게 소홀했던 엄마가 미안하지만 널 사랑하는 마음은 변함이 없단다. 너로 인해서 엄마 아빠는 행복하고 기쁜 일들이 많았던 것 같아.

열심히 노력하고 준비된 자에게는 기회는 꼭 온단다. 남은 중학교 생활 마무리 잘하고 친구들과도 멋진 추억 많이 만들었으면 좋겠다.

코끝까지 시린 기나긴 한 겨울 추위도 물러나고 만물이 소생하는 봄이 왔구나. 따뜻한 봄이 오면 무엇인가 하고 싶은 욕구들로 가득 찬단다. 기나긴 추위를 이겨내고 봄에 돋아나는 새싹처럼 우리 소희도 기지개를 활짝 펴고 네 꿈을 펼쳐 보길 바란다.

You can do it!

내 마음 속 시크릿 가든 ☆이수연

토요일만 되면
조급해지는 시간 10시
그 시간을 당기기 위해
아무리 버텨 봐도 시간은 쉽게 오지 않는다.

드디어 시작하기 몇 분 전
드라마가 아닌 나의 일이라 상상하며
꿈을 꾸게 된다.
TV에 시크릿 가든이라는 글씨가 새겨지고
마음을 가라앉히는 노래가 흘러나오면
나의 마음은 어느 샌가
시크릿 가든에서 걷고 있었다.

느리게만 흘러가던 시간이
무너지기라도 하듯이
끝을 알리는 노래가 귓가에 들려온다.

어쩌면 이 드라마가
이루어질 수 없는 꿈이라서,
지루한 생활을 활기차게 해준 것이라서
큰 기쁨을 안겨준 것이 아닐까.

중학교 2학년 ☆이수연

시간이 벌써
나를 중학교 2학년으로 만들었다.

연예인들 뒤를 쫓아다니며
소리 지르고 다닐 때
나름대로 옷에 신경을 써서
남들 눈에 이뻐 보이는 것을 원할 때
가족들이 외출할 때면
혼자 집에 남아 즐기고 싶을 때
자주 가던 수영장과 목욕탕이
가기 부끄러워질 때

이런 걸 느낀다면
중학교 2학년이다.

이렇게 한창 재미있을 15살에
공부라니!

겨울바람 ☆이수연

차가운 바람을 맞으며
움츠리며 가다보면
바람이 말을 건다.

“난 소나무에 앉아 있다가 왔는데
사람들이 나만 지나가면 무서워하네.
난 항상 움직여야 살 수가 있어.
아무리 천천히 지나가려해도
다들 춥다고 난리인 걸?”

바람은 추워서 입을 뗄 수가 없었던 나를
한 번 힐끗 쳐다보고는
사람들 사이로 조용히 사라져버렸다.

나무 ☆이수연

서로서로를
나무 막대기에 의지해
기대며 서 있는 나무들

우리는 그런 나무들을 보며
'아름답다, 한 폭의 그림 같다'라는
말들을 하곤 하지만

나무들은 언제 쓰러질지 몰라
겨우 버티고 서 있다.

홍시 ☆이수연

감의 변신은 무궁무진하다.

얼마만큼의 시간이 주어지느냐
어떻게 하느냐에 따라서
무엇으로든 바뀔 수 있다.

감이 열심히 운동을 해서
살을 뺐더니
말랑말랑하고 맛있는
홍시로 변해버렸다.

감들은 태어날 때
감으로 살아가겠다는 감들도 있지만
변신을 하고 싶다는 감들은
특별 훈련을 받고 다시 태어난다.

감도 홍시도 맛있는 걸 보면.

-수연이에게

별 ☆구혜경

밤하늘을 올려다봅니다.
별 하나, 별 둘, 별 셋

길 잃은 소녀에게 나침반이 되어주는
또 다른 세상

한 낮의 희로애락을 잠시 쉬게 하고
평온하게 잠든 아기처럼 바라봅니다.

너의 꿈을 향해 전진하는 발판이 되어
스스로 빛을 낼 수 있기를
남보다 앞서기보다 양보와 배려심으로 함께 하기를

오늘도 그 자리에서
밤하늘을 올려다봅니다.

별 하나, 별 둘, 별 셋.

Wealthy DNA ☆박기석

정상적인 사람의 세포 속에
그렇게 작은 핵 속에
구석구석 펼쳐진 히스톤 단백질 속에는
46개의 염색체가 흐르곤 했다.

하지만 이제 그 염색체는
모두 47개이다.
44개는 상염색체
2개는 성염색체
마지막 하나는 '부'의 염색체

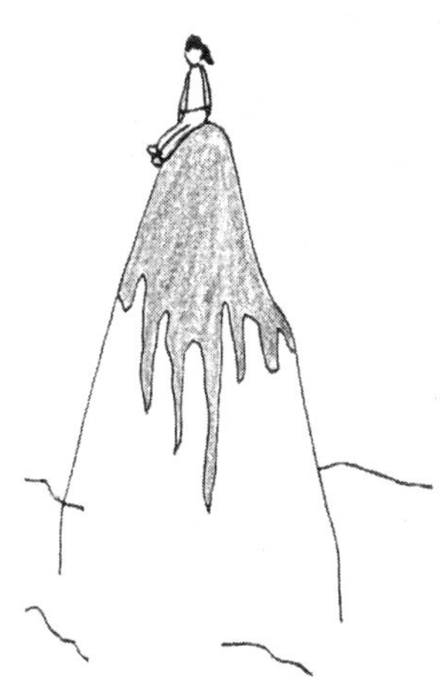

우리 모두는
부모에게서
수억 달러 단위의
유전 정보를 물려받는다.
심지어 '부'까지도…

그렇게 유전은 계속 되어
세습적 봉건사회를 만들어냈고,
대한민국의 공식 명칭은
Republic of Korea가 아닌
Lehensstaat of Korea이다.
(*Lehensstaat = 봉건국가)

Twilight ☆박기석

해가 지고
하늘이 울적해지면
황혼이 시작된다.

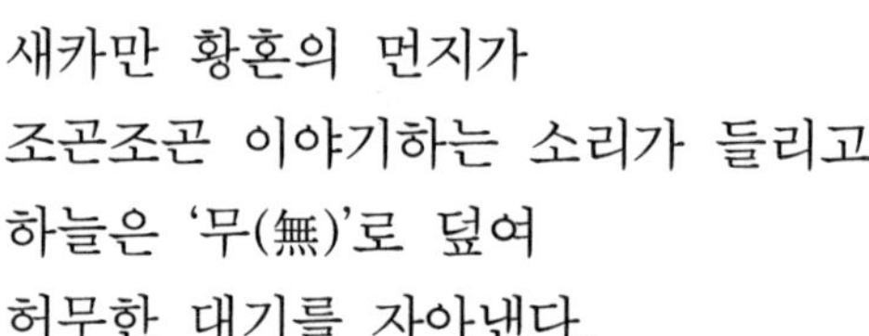

새카만 황혼의 먼지가
조곤조곤 이야기하는 소리가 들리고
하늘은 '무(無)'로 덮여
허무한 대기를 자아낸다.

드디어
한 줌 남은 햇빛이 어둠에 싸여서
방금까지 빛을 받은 화선지 위에
제 이름을 새기고는 이내 사라진다.

이 순간이 황혼의 절정

이내 사라져버리는
노랫소리와 같이
황혼은 불타올라 없어진다.

순간적 예술의 황홀한 최후.

필통과 스터디 플래너 ☆박기석

누나의 필통엔
멋진 사진도 없습니다.
소형 브로마이드도 없습니다.
아이돌의 사진조차도 없습니다.
그저 샤프와 펜, 지우개만 있을 뿐

누나의 주문목록은
대부분이 책입니다.
새 종이 냄새가 풀풀 나는
스터디 플래너
화려하지도 않게,
그저 수수하고 평범한 수첩입니다.

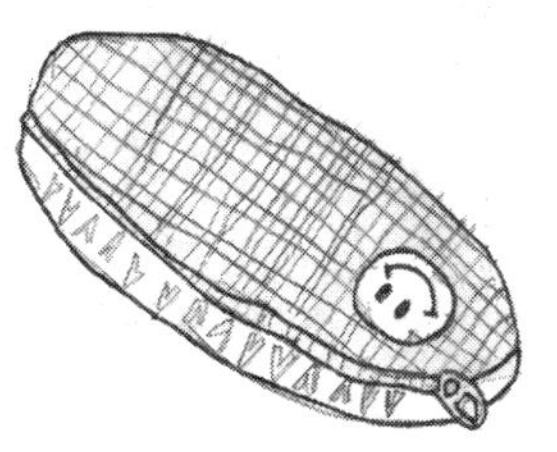

다른 이들이 옷을 사고
다른 이들이 콘서트 표를 살 때
책과 필통만을 고집한 누나에게

이 시를 바칩니다.

circus ☆박기석

사람들은 크게 두 부류로 나뉜다.
하나는 쇼를 보여주는 부류
다른 하나는 그 쇼를 보는 부류
나는 그 중 쇼를 보여주는 부류이다.
이 쇼의 지도자, 관중에게 불을 지핀 방화범
곡예를 부리며 세포가 하나하나씩 흥분된다.
가슴 속에 있던 새가 새장을 박차고 날아오르려 한다.

저 밖의
사람들은 크게 두 부류로 나뉜다.
내 쇼를 즐기는 부류와
그렇지 못하는 부류
난 주로 내 쇼를 즐기는 부류를 선호하지만
그렇지 못한 경우, 수십 개의 차가운 눈이
나를 바라본다.
목숨을 건 우리의 곡예에
사람들은 돈을 걸고 비웃는다.
우리 목숨의 가격은 관중들의 입장료.

가축에게 희망을 ☆박기석

태어났을 때부터 키워온 돼지가
십년 가까이 집을 지켜온 소가
살아 있는데 땅 속으로 들어갔다.

동그란 눈알이
반쯤 감긴 채
일주일을 앓더니
구제역이라는 놈이
한 녀석의 몸 구석구석 퍼졌다더라.

그렇게 그 녀석과 같이 있던 녀석들 모두가
몸은 차갑게 식어
빛조차도 들지 않는 구덩이에 묻혀
아무런 관심도 받지 못하고 썩어갔다.

본디 구제역은
상처 난 곳을 핥지 못하게 하고
먹이를 따뜻하게 삶아 주어
보름을 버티면 낫는 병인 것을…

대공에서 내리는 따뜻한 눈이
그들을 위로해 주려는지
그들이 갇혀서 돌아올 수 없는 땅을
살포시 덮어준다.

구제역과의 전쟁의 피해자,
가축들에게 희망을….

-기석이에게

걱정 ☆박순재

태어날 때의 아름다움을
간직할 수 있을까?

하고 싶은 것 다하고
공부를 잘 할 수 있을까?

늦도록 공부하면서
건강을 지킬 수 있을까?

공부를 열심히 해도
성공할 수 있을까?

성공을 해도
따뜻한 인간미를 지킬 수 있을까?

이 모든 걱정을 너에게는
주고 싶지 않은데

이 모든 걱정을 내가
가지고 싶은데

이 모든 걱정은
나의 아버지도 하셨으리.